Lorca

un Andaluz en Buenos Aires
1933-1934

Ficha bibliográfica	Título:	Lorca, un andaluz en Buenos Aires
	Autor:	Pablo Medina
	Contenido:	Significación de la visita del poeta a Buenos Aires en 1933/34. La mutua influencia entre García Lorca y la vida cultural argentina. Testimonios y documentación gráfica.
	Características:	144 páginas, 20 x 28 cm.
	Editor:	Manrique Zago / León Goldstein, editores. Buenos Aires, Argentina.

KLICZKOWSKI PUBLISHER

ASPPAN   CP67

© 1999 Manrique Zago / León Goldstein editores
Pte. Luis Sáenz Peña 232 - (1110)
Buenos Aires, República Argentina
Tel 4382-8880, 4383-9038/39
Telefax: (54-11) 4383-9055
E-mail: mzago@lvd.com.ar
www.mzago.com.ar
Hecho el depósito que marca la Ley 11.723
Prohibida su reproducción total o parcial
Impreso en España
ISBN: 987-97439-0-3

Pablo Medina

Lorca
un Andaluz en Buenos Aires
1933-1934

Manrique Zago y León Goldstein

Staff

Editor
Manrique Zago

Co-editor
León Goldstein

Director editorial
Eduardo Guibourg

Diseño gráfico
Gabriela Petkovsek

Producción editorial
Mariana Vicat

Producción industrial
Daniel Foyedo

Corrección
Marina Proto

Índice

- 6 Introducción

- 9 De la Gran Vía a Corrientes y Esmeralda

  - 10 Luces de Buenos Aires
  - 14 Tango
  - 17 El motivo
  - 18 Hermano chorro
  - 23 El cantor de Buenos Aires
  - 26 Un pecho fraterno
  - 33 El culto de la amistad
  - 37 Pablo Suero
  - 42 Conrado Nalé Roxlo
  - 44 José "Pepe" González Carbalho
  - 47 Edmundo "Pucho" Guibourg
  - 51 Pablo Neruda
  - 56 Pablo Rojas Paz
  - 58 Sara Tornú de Rojas Paz
  - 60 Norah Lange
  - 64 Oliverio Girondo
  - 66 Raúl González Tuñón
  - 70 Alfonsina Storni
  - 73 Victoria Ocampo
  - 77 César Tiempo
  - 79 Enrique Amorín
  - 82 Juana de Ibarbourou
  - 84 Gallegos en Buenos Aires
  - 86 Arturo Cuadrado Moure
  - 89 Eduardo Blanco Amor
  - 94 María Rosa Oliver

- 97 Las actrices, las conferencias y los títeres

  - 99 Lola Membrives
  - 104 Irma Córdoba
  - 106 Eva Franco
  - 109 La radio
  - 113 En La Plata
  - 116 En Rosario
  - 120 En Montevideo
  - 124 Títeres

- 130 Itinerario en la Argentina

- 132 Cronología de su viaje

- 140 Epílogo
- 142 El duende inmortal
- 143 Créditos fotográficos

Introducción

Federico García Lorca estuvo en la Argentina entre el 13 de octubre de 1933 y el 27 de marzo de 1934. Salvo entre el 30 de enero y el 16 de febrero del '34, lapso en que viajó al Uruguay, y visitó además La Plata y Rosario, la mayor parte de esa estadía la pasó en Buenos Aires, donde desplegó una intensa actividad y se puso en contacto con las distintas formas que asumía entonces la vida cultural en la ciudad y el país.

El investigador irlandés Ian Gibson, autor de la más documentada de las biografías del poeta granadino escritas hasta hoy, le dedica a este período un capítulo rico en información que cubre 44 de las 1.334 páginas que componen los dos tomos de la edición del libro en castellano.[1] Gibson ha valorado en toda su dimensión el significado que tuvo la visita a la Argentina en la vida de Lorca.

María Clemente Millán, en cambio, en su artículo "García Lorca y la ciudad", asegura que *"la biografía de Federico García Lorca está relacionada fundamentalmente con tres emplazamientos geográficos, Granada, Madrid y Nueva York"*.[2] Tal vez el hecho de que Federico haya sido asesinado apenas dos años después de su estadía en la Argentina influyó en este juicio.

Lo cierto es que el influjo que la presencia de Lorca ejerció sobre la cultura argentina ya no está en discusión. El presente trabajo es el resultado de una investigación personal en el curso de la cual me propuse rastrear algunas fuentes a las que hasta ahora no se había prestado suficiente atención entre los estudiosos de la vida y la obra de Federico. Mi intención ha sido reunir en estas páginas testimonios y documentación gráfica, hasta ahora dispersos, acerca de algunos de los momentos que Lorca vivió en la Argentina en esos casi seis meses en los que anudó perdurables lazos de amistad y recogió innumerables muestras de afecto y admiración por su obra y su persona. En ese sentido, el balance del propio Federico es más que elocuente cuando escribe: *"Nadie sabe, Buenos Aires lejano, Buenos Aires abierto en el fondo del tallo de mi voz, el interés y la jugosa inquietud que me embargan cuando recuerdo tu trágica vitalidad, tan sentida por mí, y el aire de añoranza que mueve los árboles de mi pensamiento al recordar lo generoso, lo hidalgo, lo comprensivo que fuiste con mi mensaje de poeta, hidalguía y generosidad que ha prestigiado mi obra en el ámbito de habla castellana".*[3]

Creo que esas palabras, por sí solas, justifican este intento.

---

[1] Ian Gibson, *Federico García Lorca. De Nueva York a Fuente Grande. 1926-1936*, Editorial Grijalbo, Barcelona, 1978. Me refiero al capítulo 8, "Argentina. 1933-1934".
[2] María Clemente Millán, "García Lorca y la ciudad", en *Lecciones sobre Federico García Lorca*, edición a cargo de Andrés Soria Olmedo, Edición del Cincuentenario, Granada, 1986.
[3] Federico García Lorca, *Obras completas*.

Busto de marinero con flechas. *FGL 1934.*

De la
Gran Vía a
Corrientes y
Esmeralda

Luces de Buenos Aires

La década que se inició en 1930 estuvo signada en la Argentina por la ruptura del orden institucional. El 6 de septiembre de ese año, un golpe militar ponía fin a un largo período de gobiernos constitucionales iniciado en 1853, cuyo punto de inflexión, en 1916, fue la aplicación de la Ley Sáenz Peña, de sufragio universal, que permitió el acceso al gobierno del primer partido de masas de la Argentina moderna: la Unión Cívica Radical. El presidente derrocado aquel nefasto día, Hipólito Yrigoyen, gobernó el país entre 1916 y 1922, y fue reelegido en 1928.

El 8 de septiembre de 1930 los militares golpistas ungieron presidente de facto al general José Félix Uriburu, quien dos años después convocó a elecciones en las que la Unión Cívica Radical, víctima de disposiciones proscriptivas del gobierno, se abstuvo. Los comicios generales se realizaron el 8 de noviembre de 1932, y en ellos se impuso, gracias a múltiples irregularidades, la fórmula encabezada por el general Agustín P. Justo, apoyada por el gobierno militar y sus aliados civiles en la llamada "Concordancia", inaugurando una década de "fraude patriótico".

Por estos años, la vida cultural de Buenos Aires adquirió una cierta autonomía, producto de la actividad de distintos grupos de intelectuales y artistas que, con una producción propia y original, comenzaron a delinear un movimiento rico en matices y propuestas de la índole más variada.

La industria editorial se consolidó, no sólo con ediciones masivas de traducciones de autores extranjeros sino también con obras de escritores nacionales. Manuel Gálvez publicó en 1930 su novela *Miércoles santo*, a la que le siguió en 1931 *El gaucho de los cerrillos*, y Ricardo Rojas dio a conocer en 1933 *El Santo de la espada*. Jorge Luis Borges, que escribía en el suplemento cultural del diario *Crítica*, *Revista Multicolor*, comenzó a publicar allí semanalmente los cuentos que luego reunió en el libro *Historia universal de la infamia*, editado en 1935. En 1930 había publicado *Evaristo Carriego*, una indagación acerca de la poesía popular de Buenos Aires, y en 1932 *Discusión*. Y Ezequiel Martínez Estrada dio a conocer en 1933 su ensayo *Radiografía de la pampa*.

Las reiteradas ediciones del ensayo de Raúl Scalabrini Ortiz *El hombre que está solo y espera*, a partir de la primera que en 1931 publicó la editorial Gleizer, son un claro indicio de la repercusión de este libro, que resultó estimulado con el Premio Municipal de Literatura, y de su temática. *El hombre que está solo y espera* se constituye en una lectura clave para tratar de entender a quien Scalabrini Ortiz llama "el hombre de Corrientes y Esmeralda", el arquetipo del porteño, y del argentino en general.

"El hombre de Corrientes y Esmeralda, –escribió–, está en el centro de la cuenca hidrográfica, comercial, sentimental y espiritual que se llama República Argentina. Todo afluye a él y todo emana de él. Un escupitajo o un suspiro que se arroja en Salta o en Corrientes o en San Juan, rodando en los cauces, algún día llega a Buenos Aires. El hombre de Corrientes y Esmeralda está en el centro mismo, es el pivote en que Buenos Aires gira."[1]

La música popular, y en especial el tango, del que me ocuparé más adelante, se encuentran en uno de sus mejores momentos. Pero diré aquí, a modo de ejemplo de cómo se iba construyendo esta constelación cultural, que en 1933, en sintonía con Scalabrini Ortiz, el músico Francisco Pracánico y el poeta Celedonio Esteban Flores compusieron el tango *Corrientes y Esmeralda*, cuya última estrofa reza: *"Esquina porteña, este milonguero / te ofrece su afecto más hondo y cordial. / Cuando con la vida esté cero a cero / te prometo el verso más rante y canero / para hacer el tango que te haga inmortal"*.[2]

En cuanto al teatro, se consolida en estos años una fuerte corriente de directores y actores cuyos aportes ocupan los primeros planos de la cartelera del espectáculo con un repertorio renovado, al que agregaban puestas ágiles y modernas. Precisamente a metros de la mítica esquina se alzaba la sala del teatro Odeón, por donde pasaron grandes protagonistas del teatro nacional e internacional. Allí se estrenó, el 25 de junio de 1932, la primera comedia musical argentina, *Madama Lynch*, con libreto de Agustín Remón y Enrique García Velloso al que pusieron música Enrique Telémaco Susini y Carlos López Buchardo.

Uno de los protagonistas de los cambios que se iban produciendo en el ámbito de la producción teatral, el autor Roberto Tálice, describió así el clima que se vivía entonces: *"El llamado género chico, en particular la sainetería criolla, había caído en una saturadora reiteración proclive a la reiteración de recursos sobados y remanidos, vulnerando el atractivo de los espectáculos y promoviendo, en consecuencia, la retracción del público"*. Señalando luego *"el reverdecimiento de las obras en tres actos que ocupaban todo el lapso del espectáculo, y por consiguiente, una superación y jerarquización en la selección de obras y en la integración de los elencos"*.[4] La observación más interesante, sin embargo, es sobre el nacimiento de los teatros independientes, que se dedicaron a difundir obras del

Cartel publicitario de la 125 representación de Bodas de sangre, y la 50 de La zapatera prodigiosa, por la Compañía Lola Membrives en el Teatro Avenida de Buenos Aires, 4 de enero de 1934.

teatro universal *"relegadas en el teatro llamado peyorativamente 'comercial' "*; difusión que fue acompañada por la respuesta del público. *"Fue una acción idealista –dice Tálice– emprendida por fervorosos y desinteresados francotiradores de una causa que consideraron inaplazable para salvar a la escena nacional de un estancamiento deplorable, dándole una nueva tónica e imponiendo pautas calificadoras en la excogitación de cada una de las obras representadas en ellos."*[4]

El mismo día de su arribo a Buenos Aires, Lorca asistió a la representación de la obra del alemán Ferdinand Brückner, *El mal de la juventud,* en el teatro Smart, invitado por Pablo Suero, crítico teatral del diario *Noticias Gráficas,* que había ido a esperarlo en Montevideo, y se convirtió en uno de los mejores amigos de Federico en Buenos Aires. La versión castellana de la obra era de Suero. Según cuenta Ian Gibson, Lorca declaró acerca de la puesta que *"en Madrid sería imposible estrenarla en estos momentos, dada la audacia de su contenido"*.[5]

En ese marco, todo lo que dijo e hizo Lorca durante su estancia ejerció una influencia decisiva en la evolución posterior del teatro argentino. En el transcurso de su visita muchas de sus obras –*Bodas de Sangre, La zapatera prodigiosa, Mariana Pineda* y la creación para títeres *Retablillo de Don Cristóbal*–, fueron representadas y él mismo intervino en la puesta en escena de una adaptación propia de *La dama boba* de Lope de Vega que se estrenó como *La niña boba*, y que fue protagonizada con enorme suceso por la entonces ascendente Eva Franco, pero además mantuvo un contacto permanente con numerosos autores, escenógrafos, directores, actores, actrices y críticos teatrales con quienes no se cansó de discutir acerca del teatro, su actualidad y su futuro.

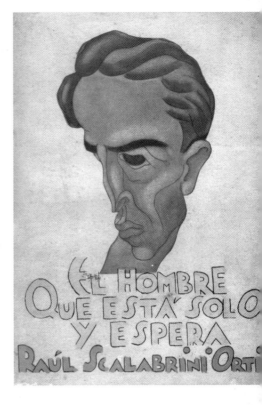

Portada del libro El hombre que está solo y espera.

Abajo, pasaporte de FGL.

Página anterior: Calle con tranvía. c. 1930.

---

[1] Raúl Scalabrini Ortiz, *El hombre que está solo y espera,* Ediciones Anaconda, Buenos Aires, 1932, página 26.
[2] Contursi, Manzi, Santos Discépolo, Ferrer, Blázquez y otros: *Letras de tangos.* Selección (1897-1981). Edición de José Gobello, Editorial Nuevo Siglo, Buenos Aires, 1995, páginas 199 y 200. Según Gobello, "se difundió hacia 1934, con motivo del ensanche de la calle Corrientes. Para entonces la esquina de Corrientes y Esmeralda ya había sido llevada a la literatura por José Antonio Saldías y por Raúl Scalabrini Ortiz". Op. cit., página 200.
[3] Citado en: La *Reina del Plata,* capítulo de *Historia de la Argentina,* bajo la dirección de Félix Luna, Editorial Hyspamérica, Buenos Aires, 1992, página 41.
[4] Op. cit., páginas 42 y 43.
[5] Ian Gibson, Op. cit., página 268.

Tango

Éste fue, escuetamente, el título de la primera película sonora del cine argentino. La empresa que la produjo, Argentina Sono Film, había sido creada poco tiempo antes. Dirigida por Luis J. Moglia Barth, los principales papeles estuvieron a cargo de Tita Merello, Libertad Lamarque, Luis Sandrini y Pepe Arias. Contaba con el atractivo de la actuación de varias orquestas típicas de gran popularidad en ese momento y se estrenó el 27 de abril de 1933.

Un hito de la canción de Buenos Aires había salido a la luz tres años antes. El 20 de marzo de 1930 Carlos Gardel grabó para el sello discográfico Odeón uno de los tangos más populares de la década: *Buenos Aires (La Reina del Plata)*, que terminó convirtiéndose en un clásico que reflejaba el amor de los porteños por la ciudad que el ensayista Ezequiel Martínez Estrada llamaría años después *"la cabeza de Goliat"*.

En la calle Corrientes, angosta hasta 1934, había varios cafés en los que el tango ya había sentado sus reales. Al 900, estaba el Germinal, en el que hacía furor el sexteto del violinista Elvino Vardaro, y casi enfrente, Los 36 billares, donde debutó la orquesta de Pedro Laurenz.

A propósito del Germinal, Horacio Ferrer cuenta que *"...están como en un oficio religioso. En el palco, dúo de violines en un exquisito bordado de voces paralelas, variaciones fraseadas de bandoneones, pasaje contrapunteado de violín y piano, solo de bandoneón, ¡una fiesta! Toca su tango una revolución hecha orquesta: el sexteto de Elvino Vardaro. ¡Qué barbaridad!"*[6] Y agrega: *"Así, a principios de 1933, ha elegido a quienes serán sus colaboradores por cuatro años. Aníbal Troilo (Pichuco), que ya tocó con él cuando Vardaro-Pugliese, será el primer bandoneón: gran clase. De segundo, otro pibe, Jorge Fernández, de dieciocho años, que se ha destacado en varias orquestas; Pedro Caracciolo será el bajo. Y un pianista de primera agua, José Pascual, con ideas, con sensibilidad, a quien confiará también los arreglos..."*[7] Aquí Lorca conoció al mítico sexteto en *Tigre viejo*, *Mía*, *Ojos negros*, *Arrabal*, *Onda brava*, *Baile de patio*, y otros tantos tangos y milongas del momento.

Entre lo mucho que escuchó allí, vale la pena mencionar *Ventarrón*, con letra de José Horacio Staffolani y música de Pedro Maffia, que resultó premiado en un concurso realizado en el Teatro Colón y fue el primer tango interpretado en ese escenario. Entre otros, lo cantaron Rosita Montemar en el Colón, Ada Falcón con la típica de Francisco Canaro, y Alberto Gómez con la típica de Victor. Gardel lo grabó en 1933. Es aquél que dice: *"Por tu fama, por tu estampa /sos el malevo mentado del hampa; /sos el más taura entre todos los tauras, /sos el mismo Ventarrón"*.

En el verano de 1934 debuta la orquesta de Juan D'Arienzo, bautizado por sus seguidores *"el rey del compás"*, en el cabaret Chantecler, y con él recupera el tango su carácter de baile popular.

Otro ámbito de difusión que la canción porteña copó rápidamente fue la radio. Lorca pudo disfrutarlo muy de cerca, pues participó en numerosos programas radiales en las emisoras de la época: Splendid, Prieto, Fénix y Sténtor.

Aníbal Troilo creó su primer tango, *Medianoche,* en 1934. Charlo, que componía letra y música de la mayoría de sus temas, cantaba entonces con su estilo de *chansonnier* piezas como *Cobardía, Rencor* o *No me olvides.*

"Los indios", el sexteto del pianista Ricardo Tanturi, actuaba desde 1933. Y Mercedes Simone, que intervino en la película *Tango,* grabó numerosos temas, entre ellos *Cantando, Oiga agente* e *Inocencia.*

Una orquesta inconfundible de la época fue la de Osvaldo Fresedo, que se destacaba por su interpretación de *Sollozos* (con letra de Emilio Fresedo) y *Tigre viejo,* entre el amplio abanico de su repertorio.

Quien sería el ídolo máximo de la canción popular, Carlos Gardel, seguía su carrera ascendente. El 6 de noviembre de 1933, el mismo día que se conocieron con Federico –encuentro al que me referiré más adelante–, grabó *Tu diagnóstico,* con el acompañamiento de Guillermo Barbieri, Domingo Riverol, Julio Vivas y Horacio Pettorosi en guitarras. Esta grabación para la RCA Victor fue la última que el "Zorzal criollo" registró en Buenos Aires. Veinticuatro horas más tarde, se alejaba rumbo a Nueva York y ya no habría de volver al país; un accidente de avión en Medellín, en 1935, truncó su vida.

Si no he mencionado hasta aquí a Enrique Santos Discépolo es porque la amistad que nació entre el autor de *Cambalache* y Federico fue de una relevancia tal que merece un capítulo aparte.

Carlos Gardel conoció a Federico García Lorca dieciocho meses antes de la tragedia en Medellín.

[6] Moriré en Buenos Aires, Vida y obra de Horacio Ferrer. Ed. M. Zago
[7] Horacio Ferrer, Op. cit.

Tita Merello.

1933. Lola Membrives, Federico García Lorca y Juan Reforzo, en el Teatro Avenida.

El motivo

A comienzos de 1933, el año en que viajó a Buenos Aires, la obra poética de Federico García Lorca era ya bien conocida por los lectores españoles: el *Romancero Gitano* fue publicado en 1928 por la editorial de la Revista de Occidente, y en 1931 vio la luz el *Poema del Cante Jondo*. Además, publicaba artículos en revistas y daba conferencias. En cuanto a su obra como dramaturgo, en 1927, en el Teatro Goya de Barcelona se estrenó *Mariana Pineda,* con vestuario y decorados diseñados por él y por Salvador Dalí. En 1932 fue nombrado director, junto a Manuel Ugarte, de La Barraca, teatro universitario itinerante creado por el Ministerio de Instrucción Pública de la recién proclamada República.

En marzo de 1933, en Madrid, se pone en escena su obra *Bodas de sangre*, en el teatro Fontalva, en la Gran Vía. Una de esas noches, al término de la función, Federico va a saludar a la actriz argentina Lola Membrives en compañía del torero Ignacio Sánchez Mejía y del poeta Rafael Alberti.

La conversación fluida y ágil del andaluz entusiasma a Lola, y el encuentro se convierte en el inicio de una amistad perdurable. Federico aprecia especialmente las cualidades interpretativas y la merecida fama de la actriz y no tarda en manifestarle su deseo de poner alguna de sus obras en los teatros de Buenos Aires, una ciudad que alberga a la colectividad de inmigrantes españoles más numerosa de la América hispana.

El proyecto madura en los meses siguientes. Tras el éxito de *Bodas de Sangre* en la Argentina, Federico es invitado por la Sociedad Amigos del Arte a dar un ciclo de conferencias. Así, a fines del verano de 1933, Federico se embarca en el transatlántico italiano *Conte Grande.* Viaja acompañado por el escenógrafo Manuel Fontanals y una de las hijas de éste, y arriban al puerto de Buenos Aires el 13 de octubre de 1933.

Federico se aloja en la habitación 704 del Hotel Castelar –el mismo que permanece hasta el día de hoy en el 1100 de Avenida de Mayo, la calle más española de la capital más cosmopolita de Latinoamérica– y desde allí organiza su vida en la ciudad. Más allá de la agenda oficial que lo convocó, Lorca traba amistad de inmediato con algunos de los poetas, escritores y periodistas que hicieron de la noche y las calles porteñas su hábitat natural.

Hermano chorro

Tanto en su poesía como en su teatro, Lorca se esforzó por expresar al pueblo llano de su Andalucía natal y por pintar la vida de los hombres y mujeres ligados a la tierra y la tradición españolas, y no sólo la impronta melancólica y trágica que los agobiaba sino también sus arrebatos de alegría y amor a la vida. *"Amo a la tierra, –escribió–, me siento ligado a ella en todas mis emociones. Mis más lejanos recuerdos de niño tienen sabor de tierra. La tierra, el campo, han hecho grandes cosas en mi vida. Los bichos de la tierra, los animales, las gentes campesinas, tienen sugestiones que llegan a muy pocos. Yo las capto ahora con el mismo espíritu de mis años infantiles. De lo contrario, no hubiera podido escribir* Bodas de sangre. *Este amor a la tierra me hizo conocer la primera manifestación artística."*[8]

La poesía popular fue la fuente de sus creaciones. En sus propias palabras: *"Popular. Siempre popular, con la aristocracia de la sangre, del espíritu y del estilo, pero adobado, siempre adobado y siempre nutrido de savia popular. Por eso, si sigo trabajando, yo espero influir en el teatro europeo"*.[9] Y ciertamente influyó, de ahí que de su teatro bien puede decirse que demostró cabalmente lo acertado de la recomendación de Tolstoi: *"pinta tu aldea, y pintarás el mundo"*.

No es de extrañar entonces que, por haber escuchado y apreciado tangos en España, al llegar a Buenos Aires tuviera clara conciencia del costado poético de esta expresión cada vez más popular, que desde su origen danzante en los prostíbulos había enriquecido su forma hasta convertirse también en canción. Más aún, es probable que hubiera escuchado tangos en la voz de Lola Membrives, quien a la sazón tenía cuarenta y siete años, pero que en los comienzos de su carrera había sido cupletista y popularizado composiciones de Villoldo, de Arturo De Bassi y Osmán Pérez Freite.

Como señalé páginas atrás, al llegar Lorca a Buenos Aires, el tango estaba en su máximo apogeo. *"Toda la ciudad de Buenos Aires late con el tango; hay que ir allí para sentirlo, como hay que acercarse a un cuerpo para sentir el pulso del corazón"*, dice Horacio Ferrer.[10]

El escritor norteamericano Waldo Frank, padrino de la revista *Sur* fundada en 1930 por Victoria Ocampo, y visitante ilustre de la Argentina, ensayó una explicación del significado cultural del tango. Dijo: *"El tango es una marcha donde (...) España y la pampa, se juntan en el mismo latido de sangre"*. Y agregó, para que no quedaran dudas de la impresión que había hecho en él: *"Es la danza popular más profunda del mundo"*.[11]

Ahora, en 1933, Lorca estaba en Buenos Aires dispuesto a sentir el tango y su poesía. El 25 de octubre, doce días después de su llegada, la compañía de Lola Membrives reestrenó *Bodas de sangre* en el teatro Avenida con la presencia del autor. Lorca improvisó un discurso de agradecimiento al público de Buenos Aires en el que *"no había dejado de intercalar una alusión al tango, una de las más llamativas señas de identidad del país. Así como en Harlem había ido en busca de la música negra, y en La Habana se había entusiasmado con los delirantes ritmos del son, ahora, pájaro nocturno de siempre, dedica numerosas madrugadas a sentir tangos, recordando, tal vez, que aún adolescente, había ensayado algunas composiciones de este género"*, escribió Ian Gibson.[12] La emoción y la gratitud tiñen las palabras de Federico: *"En el comienzo de mi vida de autor dramático, yo considero como un fuerte espaldarazo esta ayuda de Buenos Aires, que corresponde buscando su perfil más agudo entre sus barcos, sus bandoneones, sus finos cabellos tendidos*

La fiesta de el paso del Ecuador en el barco en el que viajaba Federico García Lorca, de marinero (sentado cuarto por la derecha). El transatlántico Conte Grande, *viaja hacia Buenos Aires en octubre de 1933.*

1933. Amparo Mom, Waldo Frank, Jorge Larco, FGL, Sara Tornú "La Rubia", Conrado Nalé Roxlo. En cuclillas: Antonio Cunill Cabanellas, Norah Lange, Amado Villar y José González Carvalho.

al viento, la música dormida de su castellano suave, los hogares limpios del pueblo donde el tango abre en el crepúsculo sus mejores abanicos de lágrimas".[13]

Es así que un libro clave de esa poética en plena formación, *La crencha engrasada*, de Carlos de la Púa –seudónimo del periodista Carlos Raúl Muñoz del Solar–,[14] lo impresionó vivamente. No sólo quiso aprender de memoria aquellos versos: además, pidió que le presentaran al autor.[15]

Carlos Raúl Muñoz del Solar escribía en *Crítica* –un diario sensacionalista de reciente aparición cuyo propietario y director, Natalio Botana, había reunido en su redacción a escritores y poetas tan diversos como Nicolás Olivari, Ulises Petit de Murat y Jorge Luis Borges–, y era conocido en la noche porteña como el "Malevo Muñoz". El poeta Raúl González Tuñón, que consideraba a *La crencha engrasada* "*una joya de la poesía lunfarda y de la jerga popular*", dijo sobre la personalidad de Carlos de la Púa en sus conversaciones con Horacio Salas[16] que la palabra "púa", con el sentido de "persona astuta", como tantas otras del lunfardo porteño es de origen español, y que debe de haber sorprendido a Federico encontrarla en el nombre de aquel autor. "*Carlos de la Púa era un hombre culto, delicado y bastante fino y posaba un poco*", escribió González Tuñón.[16] "*Era un malevo vocacional, un gordo tremendo que caminaba contoneándose y que, como escribía en lunfardo, le pusieron "El Malevo Muñoz", aunque de malevo no tenía nada. Era un pan de Dios.*"

A través de su poesía, Lorca sintió que se adentraba hasta el caracú de la porteñidad marginal, de la que el "Malevo Muñoz" era, según la jerga lunfarda, "taura y baquiano" a la vez.[17]

El doctor Enrique Rojas Paz, hijo de Sara Tornú y Pablo Rojas Paz –anfitriones habituales de Federico en Buenos Aires–, cuenta que García Lorca, "*dotado de una gran sensibilidad por la temática popular, conoció la obra del Malevo Muñoz y se encontró con él. Le interesó profundamente la refundación de la lengua a partir de ese mestizaje que es Buenos Aires en particular y la Argentina en su totalidad. Porque si el destino de América es 'ser mestiza', Buenos Aires es la más mestiza de América.*" En ese sentido, agrega Rojas Paz, "*la gran sensibilidad popular de Lorca lo llevó a valorar el tango y el idioma popular de Buenos Aires más allá de las textualidades que nos enseñaron desde los franceses. El que habla, el que lleva la palabra, siempre es el pueblo.*"[18]

El lenguaje de *La crencha engrasada* emocionó a Lorca hasta el punto de comparar a su autor, según apunta Tulio Carella, con el poeta francés François Villon. Aquel mundo de ladrones, malevos y percantas, proxenetas y prostitutas, inmigrantes de todas partes y vagos de todas las calañas que desfilaban por las páginas de *La crencha engrasada* cautivó a Lorca por razones que él mismo explicó en una entrevista celebrada en Madrid. "*Yo creo que el ser de Granada* –dijo en esa ocasión– *me inclina a la comprensión simpática de los perseguidos. Del gitano, del negro, del judío… del morisco que todos llevamos adentro. Granada huele a misterio, a cosa que no puede ser y sin embargo es. Que no existe, que pierde el cuerpo y conserva, aumentado, el aroma. Que se ve acorralada y trata de injertarse en todo lo que la rodea y amenaza para ayudar a disolverla."[19]*

Pero el "Malevo Muñoz", que tras el cierre de la edición matutina de *Crítica* recorría los *dancings* de Buenos Aires hasta la madrugada, no era el único habitante de la noche porteña. Estaban también autores teatrales como Samuel Eichelbaum y César Tiempo, poetas como Alfonsina Storni, los hermanos Raúl y Enrique González Tuñón, Oliverio Girondo, Enrique Santos Discépolo y Pepe González Carbalho, y periodistas como Pablo Suero y "Pucho" Guibourg, entre otros muchos.

Con todos ellos trabó relación Federico, ganado por su curiosidad insaciable y favorecido por el magnetismo, la simpatía y el don poético que lo caracterizaban y lo convertían en un compañero de correrías siempre dispuesto y en un amigo entrañable.

Algunos de los lugares en los que se los vio en las noches de 1933 y 1934 fueron la Confitería Real, en Corrientes y Talcahuano, el Café Tortoni en Avenida de Mayo, la peña Signo en el hotel Castelar y el restaurante El Tropezón, donde Federico compartió gozoso pucheros "a la argentina" entre las risas interminables y el rico anecdotario de los comensales. Y, desde luego, estaban los teatros. En el vestíbulo del teatro Smart, en Corrientes casi esquina Talcahuano, como se verá más adelante se produjo un encuentro que tuvo varios testigos.

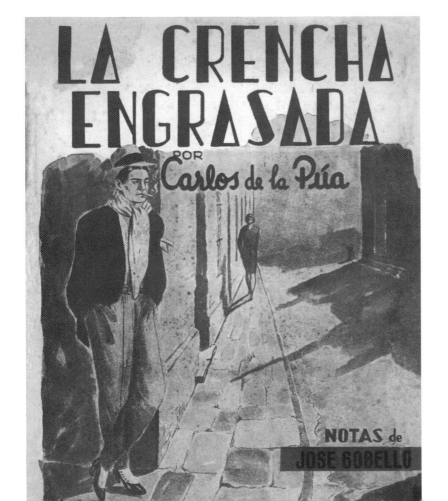

Tapa de La crencha engrasada, edición del año 1954.

[8] Federico García Lorca, Obras Completas, Editorial Ciudad, páginas 509-10.
[9] Horacio Ferrer, Historia del tango, Editorial Tersol, Buenos Aires, 1980.
[10] Ibídem.
[11] Waldo Frank.
[12] Ian Gibson, *Federico García Lorca. De Nueva York a Fuente Grande. 1926-1936*, Editorial Grijalbo, Barcelona.
[13] Federico García Lorca, Op. cit.
[14] Carlos de la Púa, *La crencha engrasada*, Editorial Trazo, Buenos Aires, 1928. Esa primera edición, con viñetas de Raúl Maza, Billiken, Muñiz y Zamora y carátula de Zavattaro, fue la que cayó en manos de Lorca.
[15] Tulio Carella: *Picaresca porteña*, Ediciones Siglo Veinte, Buenos Aires, 1966, página 93.
[16] Horacio Salas: *Conversaciones con Raúl González Tuñón*, Ediciones La Bastilla, Buenos Aires, 1975.
[16] Horacio Salas: Op. cit.
[17] Taura: Pop. jugador audaz. Baquiano: Pop. Conocedor de caminos, que sirve de guía.
[18] Entrevista personal con el autor en 1998.
[19] Tulio Carella, Op. cit., página 94.

Fragmento de una carta de Lorca a Manés.

> 28
> ... dichas por muñecos que miman el encanto de esta viejísima farsa rural.
> Llenemos el teatro de espigas frescas, debajo de las cuales vayan palabrotas que luchen en la escena con el tedio y la vulgaridad a que lo tenemos condenado, y saludar a don Cristóbal el andaluz, primo del Bululú gallego, hermano de monsieur Guiñol de París y tío de don Arlequín de Venecia, como a uno de los personajes donde sigue pura la vieja esencia del teatro.
>
> Para Gabriel Manés
> Con un abrazo fuerte de su amigo
>
> Federico García Lorca
> –Buenos Aires - 1934–

El cantor de Buenos Aires

"El 6 de noviembre de ese mismo año [1933], apenas unos meses después de haber recibido la carta, Gardel emprendía viaje a Nueva York", cuenta en su libro *El último romance de Gardel*, el periodista, poeta y dramaturgo César Tiempo. El relato sigue así: *"Unos días antes, cuatro para ser más precisos, estuvo en el Smart, en el ensayo general de* El teatro soy yo, *la primera obra teatral de quien escribe esto, y cuyo protagonista fue el hoy cotizado director cinematográfico Mario Soffici. En el vestíbulo se encontró con Federico García Lorca, que acababa de llegar de España, fue a beber con él y otros amigos y a recordar andanzas comunes por la tierra del sol."*

"Gardel aparentaba una alegría que estaba lejos de poseer. Se mostraba muy afectuoso con el gran poeta granadino y hacían proyectos para un futuro encuentro en la ciudad de los rascacielos."[20]

Según Gabriel Manés,[21] amigo al que Federico le dedicó en 1934 uno de los manuscritos del *Retablillo de Don Cristóbal*, aquella noche Gardel le dijo a Federico: *"Hermano, ¿cuándo vas a escribir un tango? Ustedes los andaluces son sentimentales como nosotros"*. No le faltaba razón al "Morocho"; mucho del sentido trágico del cante jondo lo tiene el tango, en especial el mal de amores.

El encuentro entre Gardel y Lorca tuvo otro testigo calificado. Fue visto, desde otro lugar, por Ben Molar, autor de innumerables éxitos de la música popular argentina. En su libro de memorias, Molar comenta: *"Recuer-do la esquina de Corrientes y Talca-huano. Allí existía otrora la confitería Real, que la piqueta volteó y convirtió después en una prosaica pizzería. En aquel ayer, nosotros, los adolescentes de entonces, parados en la puerta mirábamos, ya que no siempre teníamos guita para entrar y pagarnos el cafecito, y apoyábamos 'la ñata contra el*

23

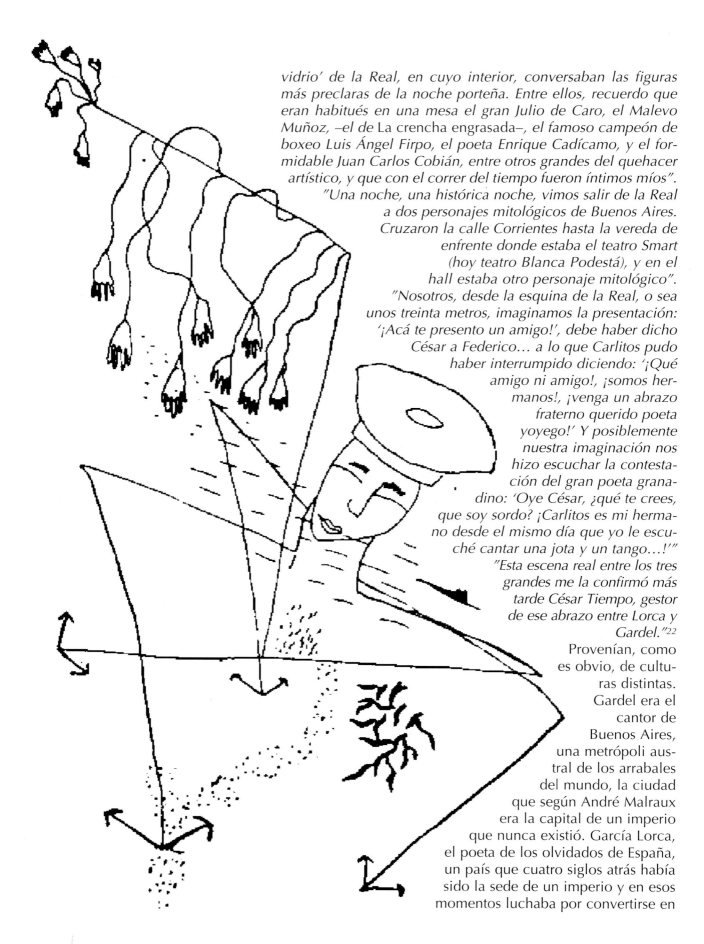

vidrio' de la Real, en cuyo interior, conversaban las figuras más preclaras de la noche porteña. Entre ellos, recuerdo que eran habitués en una mesa el gran Julio de Caro, el Malevo Muñoz, –el de La crencha engrasada–, el famoso campeón de boxeo Luis Ángel Firpo, el poeta Enrique Cadícamo, y el formidable Juan Carlos Cobián, entre otros grandes del quehacer artístico, y que con el correr del tiempo fueron íntimos míos".

"Una noche, una histórica noche, vimos salir de la Real a dos personajes mitológicos de Buenos Aires. Cruzaron la calle Corrientes hasta la vereda de enfrente donde estaba el teatro Smart (hoy teatro Blanca Podestá), y en el hall estaba otro personaje mitológico".

"Nosotros, desde la esquina de la Real, o sea unos treinta metros, imaginamos la presentación: '¡Acá te presento un amigo!', debe haber dicho César a Federico... a lo que Carlitos pudo haber interrumpido diciendo: '¡Qué amigo ni amigo!, ¡somos hermanos!, ¡venga un abrazo fraterno querido poeta yoyego!' Y posiblemente nuestra imaginación nos hizo escuchar la contestación del gran poeta granadino: 'Oye César, ¿qué te crees, que soy sordo? ¡Carlitos es mi hermano desde el mismo día que yo le escuché cantar una jota y un tango...!'"

"Esta escena real entre los tres grandes me la confirmó más tarde César Tiempo, gestor de ese abrazo entre Lorca y Gardel."[22]

Provenían, como es obvio, de culturas distintas. Gardel era el cantor de Buenos Aires, una metrópoli austral de los arrabales del mundo, la ciudad que según André Malraux era la capital de un imperio que nunca existió. García Lorca, el poeta de los olvidados de España, un país que cuatro siglos atrás había sido la sede de un imperio y en esos momentos luchaba por convertirse en

Página 23, Carlos Gardel.

En la página anterior, Marinero ahogado, *impreso en la página 25 de la edición de* El tabernáculo.

una república. Sin embargo, la identificación entre aquellos dos artistas, más allá de todas las diferencias, debió ser tan intensa que César Tiempo no pudo dejar de recordarla muchos años después. El 25 de agosto de 1966, en el salón de actos de Argentores, la Sociedad General de Autores de la Argentina, dijo: *"Tuve la dicha impagable de ser su amigo, de frecuentarlo, de compartir sus confidencias y sus desazones. Y no puedo menos que recordar aquella noche del 6 de noviembre de 1933. Se llevaba a cabo en el teatro Smart el ensayo general de mi comedia* El teatro soy yo. *Federico García Lorca llegó al ensayo acompañado por Pablo Suero. Permaneció hasta el final".* Y agregó: *"Salimos del teatro pasada la medianoche. En Corrientes y Libertad una sonrisa y dos abrazos vinieron a nuestro encuentro. Hubo un revuelo de curiosidad a nuestro alrededor. El hombre del encuentro era Carlos Gardel. Le presenté a Federico. Se confundieron en un abrazo. Fuimos todos al departamento del cantor. Naturalmente que no tardamos en escuchar a los dos. Gardel cantó como sólo él sabía hacerlo ganándose la simpatía generosa y efusiva de Federico".*[23]

Y como no hay dos sin tres, años después hubo una tercera evocación, en la que César Tiempo subrayó el común destino trágico de ambos: *"Allá por el año 1933 presenté a Gardel a Federico, sí, a Federico García Lorca. Estuvieron contándose historias y cantando toda la noche henchidos de esa embriaguez universal que sólo proporcionan el amor y la amistad. Los dos, Carlos y Federico, partieron poco después para ser inmolados por el fuego que no perdona: uno en Medellín y el otro en Granada, en su Granada, al año siguiente, víctima de la brutalidad fratricida".*[24]

También Edmundo "Pucho" Guibourg recordó aquel encuentro en 1982, cuando fue entrevistado por dos investigadores norteamericanos y aportó una interesante interpretación acerca del mismo. *"Lorca y Gardel. Sí, se conocieron, se estimaron",* dijo Guibourg. *"Pero más lo estimaba Lorca a Gardel como cantor que Gardel a Lorca como intelectual, porque la cultura de Gardel era relativa en este sentido. Él percibía el valor de Lorca, el valor lírico, se daba perfectamente cuenta, porque esa sensibilidad no le faltaba, ¿no? Pero eran distintos, porque los dos representaban un alma diferente. Uno era un francés que había venido acá a los tres años de edad, se había hecho argentino y representaba el alma de Buenos Aires, como la sigue representando para la posteridad. Y el otro representaba el alma de Granada."*[25]

Según Guibourg eran espejo de dos pueblos, dos civilizaciones, dos culturas absolutamente distintas: *"Lorca, el cantor de los gitanos, y Gardel el cantor de todas las cosas de Buenos Aires, de cualquier ventana, cualquier baldosa, cualquier calle vieja, cualquier rincón, cualquier farol de Buenos Aires. Y eso lo percibió perfectamente Lorca. Por eso digo yo que Lorca lo personificó mejor a Gardel que Gardel a Lorca."*[26]

---

[20] César Tiempo, *El último romance de Gardel*, Editorial Quetzal, Buenos Aires, 1975, páginas 150 y 151.
[21] Testimonio personal.
[22] Ben Molar, *Encuentro de tres grandes*, Edición del autor, Buenos Aires.
[23] Ibídem.
[24] César Tiempo, en *Revista Argentores*, julio-diciembre de 1966, nº 124, página 18.
[25] César Tiempo, "Carlos y Federico", en *Ser Gardel*, Ediciones de Periodismo por Periodistas, Buenos Aires, 1990, página 34.
[26] John K. Walsh y B. Russell Thompson, "García Lorca en Buenos Aires: Entrevista con D. Edmundo Guibourg", en *Review* nº 1 y 2, 1982, vol. XI, The State University College, Brockport, NY, página 219.

Un pecho fraterno

En ese hervidero de poetas populares que era por entonces Buenos Aires, hubo uno con quien Federico entabló la amistad más perdurable de las muchas que le regaló esta ciudad: Enrique Santos Discépolo.

Entre 1929 y 1934 la producción poética y musical de Discepolín no se detuvo. *Qué vachaché, Esta noche me emborracho, Chorra, Malevaje, Soy un arlequín, Victoria,* y el célebre *Yira... yira...,* estrenado en 1930, fueron algunos de los tangos que Lorca escuchó y disfrutó en Buenos Aires. A ellos deben sumarse, para tener una idea de la enjundia del artista, sus piezas teatrales, sus películas como actor y director, y más tarde su labor como compositor de música de películas y como director de orquesta.

Fue mucho lo que Federico y Enrique tenían en común como creadores: poetas populares ambos, todo en ellos destella una poética existencia, pura vida. Además, una misma pasión los unió: el pueblo, los marginados, los doloridos, los abandonados.

Testigo privilegiada de esta amistad fue la compañera de Discepolín hasta su muerte, Tania. Cuando en 1936 la pareja se encontraba de gira en España, Enrique y Federico volvieron a encontrarse en Madrid. Tania relata aquel encuentro en su libro de memorias: *"En ese tiempo español, con los nubarrones de la guerra civil que se desataría a poco de nosotros dejar la península, conocimos mucha gente. Prácticamente a toda la farándula en sus distintos niveles: al elegante y un poco sibilino don Jacinto Benavente, a los menos ceremoniosos y más alegres hermanos Serafín y Joaquín Álvarez Quintero, el parlanchín Federico García Sanchiz, Eduardo Marquina, el gran trágico Ricardo Calvo (admirador incondicional de Enrique), una Lola Membrives que allá tratamos más que aquí. Ninguno de ellos nos dejó la impresión indeleble de Federico García Lorca, el bueno, genial y desdichado Federico. Dos años antes, en 1934, Enrique había simpatizado a mares con él en Buenos Aires e incluso había compartido nuestra mesa en el departamento de la calle Cangallo. De ese conocimiento, en España resultó una amistad fraternal. Federico y Enrique caminaban y conversaban largas horas. Se deleitaban mutuamente. Yo escuchaba a Federico con un arrobamiento indescriptible, acaso porque era la antipose, la franqueza, la gracia. Hablaba como el hombre de pueblo que se sentía. Le interesaba el tango y requería información, letras, títulos, anécdotas; había profundizado hasta la esencia la canción popular española, y se apasionaba por similares manifestaciones de todos los países, máxime*

de la Argentina, una tierra que conoció e inquirió. Enrique tuvo el privilegio de que Lorca le leyera el Llanto por la muerte de Ignacio Sánchez Mejía *antes de que se publicara. No será menester abundancia de palabras para decir el dolor que nos produjo en el barco, de vuelta, el cable atroz que informó del fusilamiento de Federico".[27]*

Explorar el universo vivencial de Lorca y Discépolo resulta gratificante por la riqueza creativa, por el compromiso social y humano y, sobre todo, por la entrega total y absoluta al arte poético que los definió vocacionalmente al servicio de los otros, de los hombres y las mujeres de su tiempo. Cantaron

Discépolo y Tania. La pareja trató a Lorca en Buenos Aires y en Madrid, poco antes de que estallara la Guerra Civil.

*En la página anterior.
FGL, muy guapo y retocado, fotografía realizada en un estudio de Buenos Aires, 1934.*

como nadie, en memorables piezas de teatro, poemas y creaciones musicales, las miserias y dolencias de un mundo despiadado y desgarrante.

Muchas de las expresiones más ricas y rebosantes de ideas y que mejor reflejan los ejes comunes del pensamiento de Federico y Enrique se encuentran seguramente en sus diálogos, en aquellas conversaciones espontáneas a las que se refiere Tania, y en el rico anecdotario de quienes los conocieron y trataron personalmente. Pero lo cierto es que no abunda la documentación impresa que sirva de manera verosímil para mejorar y ampliar el conocimiento de esta amistad entre los dos artistas.

No obstante, en algunos trabajos de estudiosos e investigadores hallamos otros datos que confirman la importancia y significación del lazo que los unió. En *Discépolo y su época*, Norberto Galasso nos aporta su reflexión y valiosos datos sobre estas vidas: *"En Madrid –cuenta– mantiene el ritmo de su vida habitual. Dirige su orquesta por las noches, cena a la madrugada y descansa hasta el mediodía siguiente. En los atardeceres sale a caminar sin rumbo: 'me voy a ninguna parte'. Ahí anda después, entre el ir y venir de la gente por la calle de Alcalá, en ese Madrid tan familiar y tan rebosante de encanto y gracia. O visita luego el Museo del Prado para quedarse largo rato delante de* Los fusilamientos *de su admirado Goya. A veces, escapando al bullicio del centro, ambula por los barrios viejos donde el Madrid tradicional sobrevive con sus tabernas y mesones, con sus rejas y faroles inundados de tiempo. En uno de esos atardeceres madrileños, Discépolo se confunde en un estrecho abrazo con García Lorca, el magnífico Federico, con quien entablara amistad en Buenos Aires dos años atrás. El autor de* Bodas de sangre *es ya el gran poeta que a través de la metáfora audaz y vanguardista ha retomado lo más auténtico y profundo del cancionero español. Alejado de las torres de marfil, que habitan 'los putrefactos', como él los llama, y en íntima comunión con ese pueblo que ha nutrido su poesía, García Lorca ve con simpatía a Enrique, ese juglar popular de Buenos Aires con el cual tiene tantas cosas en común. Ambos saben que 'en nuestra época el poeta ha de abrirse las venas para los demás…' 'llorar y reír con su pueblo'. Ambos sueñan con una sociedad mejor porque 'el día que el hombre desaparezca va a producirse en el mundo la explosión espiritual más grande que jamás conoció la humanidad'. Y ambos son solidarios 'con los que no tienen nada y hasta la tranquilidad de la nada se les niega'."*[28]

Imagina Galasso que en ese pequeño café de la Gran Vía, *"los amigos se olvidan del tiempo conversando animadamente de teatro, de poesía, de pueblo"*.[29] Es entonces, según el autor, que la charla deriva hacia la muerte de Ignacio Sánchez Mejía, el torero amigo de Lorca, y *"Federico le recita a Enrique los primeros versos de un poema inédito: 'A las cinco de la tarde / Eran las cinco en punto de la tarde…' La repetición obsesiva de aquella hora fatídica, ese revolver la herida con la desesperación del que se niega a admitir su impotencia ante lo irreparable, impresiona hondamente a Discépolo. Y aquel tremendo* Llanto por la muerte de Ignacio Sánchez Mejía *queda flotando aún en la noche cuando los dos poetas se estrechan en un abrazo de despedida, comprometiéndose a un nuevo encuentro. Pero ya no volverán a verse jamás."[30]*

Madrid y Buenos Aires poseen la magia y la virtud de ser ciudades únicas e irrepetibles. Tienen mucho en común: su música, el habla permanente, el cosmopolitismo incesante y la gente que deambula por sus calles y llena los cafés, las plazas, los restaurantes, los museos y los teatros. El Madrid al que llega Enrique Santos Discépolo es vibrante, musical, con ruido a gente en sus calles a toda hora; un clima que le recuerda inevitablemente a la calle Corrientes y sus bares, a Florida y Lavalle con sus marejadas de gente buscando, y buscándose a sí misma, y a la multitud que se pierde en Callao y vuelve por Corrientes, caminando siempre, viviendo siempre el espectáculo único e irrepetible de ser dueño de la calle.

En una obra de reciente edición, *Discépolo, una biografía argentina*, Sergio Pujol, investigador platense, dedica una reflexión a la amistad entre ambos poetas. *"Para Enrique –observa Pujol– Madrid siempre iba a ser 'esa ciudad donde las casas sólo sirven de pretexto a la gente para echarse a la calle'. La vida callejera de los madrileños lo atrajo desde el primer día. Junto a la calidez del idioma común, había un estilo español de cultura urbana que favorecía la integración de una figura tan porteña como Discépolo. Ver a 'todo el mundo viviendo en la calle', como si estuviera parado en una esquina de Buenos Aires, fue para el autor de* Yira...Yira... *la mejor introducción a Europa."[31]*

Pujol se refiere luego a la bienvenida que Lola Membrives les tributó a él y a Tania, y subraya el carácter especialmente afectuoso *"y en cierto modo trascendente"* que tuvo el reencuentro con García Lorca, quien ofició de cicerone en determinados tramos de la gira española. *"Lorca y Discépolo compartieron el recuerdo cercano de Buenos Aires, la actualidad de la joven República conflictuada y algunos secretos literarios"*, escribe Pujol.

La Europa de 1935-36 que transitó Enrique Santos Discépolo con sus tangos, entraba en un proceso de rápida descomposición política y social. El descontento, las luchas obreras, los paros y las huelgas se sucedían sin tregua. Era tiempo de volver. Enrique y Tania sintieron que su querida España estaba sitiada, y que el enfrentamiento entre hermanos era un hecho irreversible. *"Discépolo se impresiona hondamente con la tragedia, sin poder hacerse a la idea de que todo es sangre y horror en los mismos lugares que recorrió él con sus canciones pocos meses atrás."[32]*

Y si bien no deja de pensar en tantos amigos que dejó en esa España herida, su recuerdo constante fue para Federico. *"Se*

Teatro Comedia.

embarca entonces de regreso y lo hace ensombrecido por la tristeza, porque no se le escapa que el fuego de España tiene muchas posibilidades de incendiar el mundo en una segunda guerra."[33]

La guerra civil se iniciaba con todo furor en España, la situación de Italia y otros países era poco clara, la vieja Europa estaba convulsionada. Así, en junio de 1936, Enrique y Tania deciden retornar. *"Otra vez el tedio del viaje. Otra vez las horas vacías e interminables en la gran cárcel flotante… Pero de pronto una noticia lo sobrecoge de terror. ¡Han asesinado a Federico García Lorca! Su amigo colmado de cielo y ruiseñores, aquel andaluz fraterno y maravilloso, ha sido ultimado por la España negra. Lo han matado aquellos que él conocía tan bien: 'los que tienen / por eso no lloran / de plomo las calaveras / y el cielo se les asemeja / una vitrina de espuelas'. 'El crimen fue en Granada…, en su Granada'. ¡Cuántos versos le robaron al mundo esas balas asesinas! ¡Cuántos poemas rotos rodaron para siempre hacia el silencio aquel desdichado 19 de agosto de 1936! Y Discépolo queda angustiado, realizando el resto del viaje bajo la amarga sensación causada por el bárbaro crimen."[34]*

Fue un golpe al corazón de la humanidad entera. Una afrenta a todos aquellos que alguna vez se emocionaron con la poesía. En Buenos Aires abrió una herida incurable en el alma de los que lo habían conocido personalmente y guardaban, como un tesoro, el recuerdo de su amistad. Volvamos a octubre de 1933 y veamos quiénes fueron algunos de esos amigos.

---

[27] Tania, *Discepolín y yo*, Ediciones La Bastilla, Buenos Aires, 1973, página 89.
[28] Norberto Galasso, *Discépolo y su época*, Editorial Ayacucho, Buenos Aires, 1973, página 120.
[29] Norberto Galasso, op. cit., página 121.
[30] Ibídem, página 129.
[31] Sergio Pujol, *Discépolo. Una biografía argentina*, Emecé, Buenos Aires, 1976, página 212.
[32] Norberto Galasso, op. cit., página 129.
[33] Ibídem, páginas 129.
[34] Ibídem, páginas 129 y 130.

Amor Novo. *Salvador Novo, Seamen Rhymes, 1934. Dibujo de FGL.*

El culto de la amistad

> *Si de repente mis amigos dejaran de serlo, si estuviera rodeado de odios o de envidias, no podría triunfar. No lucharía siquiera. Poco o nada me importa por mí, pero me importa por mis amigos, por esa barra de muchachos que dejé en Madrid y por los que tengo en Buenos Aires."*
>
> Federico García Lorca [35]

Los amigos fueron, según su propio testimonio, la mayor riqueza que Federico atesoró en su estada en la Argentina. Y ello fue así hasta el punto de que respondiéndole a un periodista sobre los mejores momentos que pasaba en Buenos Aires señaló: *"Con mis amigos, y cuando dirijo a mis actores..."*

Además de las páginas ya mencionadas que Ian Gibson dedicó en su biografía a los intensos y ajetreados meses de García Lorca en la Argentina, en nuestro país hubo varios intentos de reconstruir ese período de la vida del poeta. Uno de los más interesantes fue el informe que publicó la revista *Primera Plana* en octubre de 1968, al cumplirse treinta y cinco años de su llegada a Buenos Aires.

La nota recuerda que cuando el *Conte Grande*, el barco que lo traía a nuestro país, atracó en Río de Janeiro, el primer puerto de Sudamérica, García Lorca se encontró con un telegrama que decía: *"Tu llegada es una fiesta para la inteligencia"*. El texto había sido imaginado como un mensaje de bienvenida en nombre de los intelectuales argentinos, pero tenía una sola firma: Sara Tornú de Rojas Paz, "la Rubia" Rojas Paz para sus íntimos.

Sara Tornú le contó al periodista de *Primera Plana* que el telegrama estaba firmado por ella porque *"no alcanzó la plata para poner todos los nombres"*. Recordó también que en su primera noche en Buenos Aires, luego de dejar sus valijas en el Hotel Castelar, *"Federico vino a casa: estábamos todos esperándolo"*. Los siete de la partida de aquella noche fueron: los dueños de casa, Sara Tornú y su marido Pablo Rojas Paz, Conrado Nalé Roxlo, José Pepe González Carbalho, Oliverio Girondo, Norah Lange y Pablo Neruda. *"Nos encandiló desde el principio. En realidad, era como si lo hubiésemos conocido de toda la vida"*, evocó Sara Tornú en aquella entrevista de 1968.[36]

El matrimonio Rojas Paz vivía en la calle Charcas al 900, a metros de la avenida 9 de Julio, para la

Federico García Lorca, Norah Lange, Oliverio Girondo, Amado Villar y Enrique Amorin (de traje).

1933. Llegada de Lorca al Puerto de Buenos Aires, 13 de octubre. A su derecha, Gregorio Martínez Sierra y María Molino Montero; a su izquierda, junto a él Manuel Fontanals, y con gafas Juan Reforzo; atrás el más alto es Jorge Larco.

mitología porteña la más ancha del mundo, y las reuniones en su departamento con García Lorca como invitado de lujo se convirtieron en costumbre. *"Después de medianoche comíamos un puchero"*, sigue contando Sara Tornú, *"y a eso de las dos recién empezábamos a divertirnos. Entonces, Federico se disfrazaba, inventaba monólogos, contaba cuentos larguísimos. A veces prefería recitar poemas, especialmente los de Neruda. Después de leerlos, si nosotros le pedíamos alguno de él, se negaba; decía que Neruda era un poeta demasiado perfecto y no se atrevía a competir".*[37]

Pero aparte de este centro de operaciones en que se convirtió el departamento de los Rojas Paz, desde su misma llegada y hasta que regresó a España la actividad de Federico en Buenos Aires fue febril: comidas y sobremesas en El Tropezón, conferencias, radio, teatro, y hasta improvisaciones en los cafés.

García Lorca sorprendió a los porteños por más de un motivo. En un tiempo en que ningún hombre que se preciara de elegante abandonaba el saco y la corbata por nada del mundo, Federico se complacía en aparecer informalmente vestido. Los que más sensación causaban eran sus mamelucos, que acompañaba con una variada colección de tricotas de cuello alto.

Por otra parte, en el aniversario número cuarenta y cinco de su llegada a Buenos Aires, que se cumplió en 1978, quien se ocupó de recordarlo fue el periodista Luis Mazas en el diario *Clarín*. A propósito de la repercusión de la presencia del poeta, Mazas asegura que *"Buenos Aires, a través de los cuarenta y cinco años que han pasado desde que pisó sus calles, reiteró su admiración por Federico. Como lo hace actualmente [1978] con una de sus expresiones escénicas,* Doña Rosita la soltera.

Despedida por Radio Sténtor, Buenos Aires, 26 de marzo de 1934. De izquierda a derecha, Ricardo E. Molinari, Pablo Rojas Paz, asomándose, Isidro J. Ódena, atrás, al lado de la puerta, Jorge Larco, en primer plano "La Rubia", Sara Tornú de Rojas Paz, a su lado Lorca, atrás José G. Carbalho, Manuel Fontanals y Norah Lange.

---

35 Federico García Lorca, *Obras completas*, Ediciones Aguilar, México, 1991, Tomo III, páginas 601-602.
36 "Octubre 13, 1933. Llega Federico García Lorca", sección Aniversarios, *Primera Plana*, Buenos Aires, 21/10/1968.
37 Ibídem.
38 Luis Mazas: "García Lorca, a contramano del olvido. Se cumplen 45 años de su arribo a Buenos Aires", *Clarín*, Buenos Aires, 13 de octubre de 1978.
39 Ibídem.

Con el tiempo –continúa el artículo de Luis Mazas– *Buenos Aires aprendió a ver la producción teatral de García Lorca despojada de malvones y puntillas pero alimentada con amados monstruos que se abalanzan integrando una tragedia esencial, síntesis perfecta de culpa y verbo, honor y lirismo".*[38]

Describe Mazas que quienes lo conocieron por aquellos días coinciden en señalar el carácter ciclotímico de Federico. *"Extrañaba por momentos a España, a su madre. En otros, su felicidad por estar aquí lo embriagaba".* Y agrega luego: *"...en esos festivales del lenguaje, García Lorca inventaba monólogos, contaba cuentos, a veces recitaba, tocaba el piano describiendo la psicología de quienes lo rodeaban. Ya en marzo del '34 se le hicieron muchas despedidas. Federico García Lorca volvía a España con la certeza de haber vivido entre nosotros casi seis meses de enorme felicidad".*[39]

Su primer amigo en estas orillas, el que se convertiría en el Cicerone que lo conduciría por los laberintos del mundo cultural y artístico de Buenos Aires –paradojas de la Argentina– fue un porteño nacido en Asturias, al que conoció cuando el *Conte Grande* hizo escala en Montevideo.

Pablo Suero

Muy temprano en la mañana del 12 de octubre de 1933, el transatlántico *Conte Grande* amarró en el puerto de Montevideo. Entre quienes esperaban el arribo, además de varias personalidades uruguayas, se encontraban amigos de Madrid, como el antiguo compañero de correrías estudiantiles José María Guarnido y su hermano, y el intelectual y viejo conocido del diario *El Sol* de Madrid, Enrique Diez Corredo, un hombre muy compenetrado con el espíritu de la obra de Federico que en esos momentos cumplía tareas en la embajada española en Uruguay.

Pero la gran sorpresa para García Lorca y su compañero de travesía, el escenógrafo Manuel Fontanals, fue la presencia de dos adelantados que habían cruzado el Río de la Plata para ser los primeros en recibirlo. Se trataba de Juan Reforzo, empresario teatral argentino esposo de la actriz Lola Membrives, y de Pablo Suero, autor, traductor, periodista y crítico teatral de los diarios porteños *Noticias Gráficas* y *La Razón*.

Coetáneo de Federico, Pablo Suero había nacido el 4 de marzo de 1898 en Gijón, Asturias, y llegó a la Argentina a temprana edad. Al asturianito no le costó demasiado asimilarse al ambiente y la vida porteños, a punto tal que todo el mundo suponía que había nacido allí. Según Edmundo *Pucho* Guibourg, "...*Suero era uno de los hombres que mejor había entendido* Bodas de sangre, *y mejor había ayudado a su éxito. Era un asturiano hecho argentino desde muchacho, un gran periodista de mucho talento*".[40]

La producción teatral y poética y las traducciones de Suero eran bien conocidas en Buenos Aires, y distinguidas tanto por su compromiso y su conocimiento de la realidad como por su profesionalidad. Publicó *Los cilicios* (poesía), *Selva Núñez* y *La muerte en el circo* (novelas), y en cuanto a su repertorio teatral vale la pena mencionar su obra inicial *La Machona*, luego *Las chicas de Madame Colibrí*,

Pablo Suero.

La vejez de Don Juan y diecisiete piezas más. Además, tradujo obras de autores consagrados de la literatura universal como Balzac, Dostoyevski, Lajos Zilahy y Ferdinand Brückner, entre otros.

Sin embargo, el periodismo fue la actividad en la que alcanzó mayor notoriedad, en la que descolló como crítico teatral implacable e insobornable. Helvio Botana, hijo de Natalio, el propietario y director del diario *Crítica*, asegura que Suero *"... fue el más mordaz y agresivo crítico teatral, de fama internacional, temido por sus crónicas, cuyos conceptos mantenía a trompadas sin amilanarse nunca, asimilando cualquier cantidad de golpes sin dejar de contestar con sus brazos más cortos, por lo que sus víctimas de la farándula decían que tenía la cara más aplaudida de Buenos Aires por todas las bofetadas que recibió"*.[41]

Pablo Suero aprovechó el viaje de Montevideo a Buenos Aires para hablar hasta el cansancio con García Lorca, que oscilaba entre el entusiasmo y la ansiedad ante la cercanía del fin del viaje y la sorpresa que le causaba el inmenso río color de león.

El 13 de octubre, el *Conte Grande* llega al puerto de Buenos Aires, y allí hay una multitud aguardando a García Lorca, que pasó a convertirse en una figura mimada por la prensa local. *"A partir del primer día de su llegada a Buenos Aires, la presencia de Lorca en los diarios y revistas de la capital será constante"*, señala Ian Gibson. *"Su éxito superará con creces cualquier otro jamás conseguido por un escritor español en la Argentina. Neruda hablará del 'apogeo más grande que un poeta de nuestra raza haya recibido', y durante seis meses será difícil abrir la prensa sin leer algo acerca del prodigio andaluz que ha caído como una bomba sobre la ciudad."*[42]

Pablo Suero lo lleva esa misma noche al teatro Smart, a ver *El mal de la juventud*, obra del autor alemán Ferdinand Brückner que él había traducido. En el teatro, el público, informado de la presencia del autor de *Bodas de sangre*, aplaude, grita, ovaciona, como un anticipo del éxito que el poeta granadino habrá de disfrutar desde ese día en adelante. Para Suero, tenerlo a su lado gesticulando, riéndose a todo batir, aplaudiendo y hablando sin parar es el mejor regalo que recibió en su vida.

Otro testimonio de cómo Pablo Suero se adueñó de Federico nos lo aporta el periodista Julio C. Viale Paz. *"En 1933, yo trabajaba en el diario* Noticias Gráficas, *que había aparecido dos años antes, en un local nada acogedor de la calle Riobamba"*, cuenta Viale Paz. *"Como era corriente en aquellos tiempos, comenzábamos nuestra labor a la una de la madrugada, en un silencio absoluto. En el invierno trabajábamos con sobretodo puesto y la bufanda al cuello. Porque el viento que se colaba, inclemente, la falta de calefacción y la humedad de las paredes eran un constante peligro para nuestro*

Visita de Federico García Lorca y el escenógrafo Manuel Fontanals al diario El Mundo. Aparecen en su compañía el director, don Carlos Muzio Sáenz Peña, el novelista Diego Newbery, los poetas Horacio Rega Molina y Roberto Ledesma, entre otros.

organismo. En una de esas noches en que afanosamente pergeñábamos una crónica, entró en nuestra covacha el jefe de la sección, Pablo Suero, junto con Edmundo Guibourg, acompañados de un muchacho sonriente, de mediana estatura, de rostro trigueño y cabellos oscuros. El saludo fue breve y elocuente: 'Éste es García Lorca, y éstos son mis compañeros…"[43]

Viale Paz rememora el desconcierto: "Habíamos leído tanto al poeta de Romancero Gitano que nos parecía cosa de magia tenerlo presente. Lo mirábamos como a un ser de otro mundo… Pasada la sorpresa, se inició la conversación por breve tiempo. Tenía que estar en un teatro –el Smart, al que lo llevaría Suero– para ver una obra de Brückner, El mal de la juventud, y disponía de escasos momentos para la charla. Con todo, pudimos cambiar algunas palabras con él. Le inquirimos sobre sus futuros trabajos teatrales y literarios y nos respondió, sonriente, que tenía en cartera muchos y de variados temas".[44]

La impresión que recogió Viale Paz del recién llegado es por demás elocuente. "Sólo deseaba divertirse, salir, conversar largas horas con amigos, pasear, vivir, en una palabra", recuerda el periodista de Noticias Gráficas. Federico les dijo a él y a sus compañeros que su última preocupación era la literatura. "Nunca me propongo hacerla, pero en determinados momentos siento deseos irresistibles de escribir, y entonces es cuando produzco y lo hago con placer, sin tregua ni descanso, para luego retornar a mi existencia anterior."[45]

Además de amigo y guía, Pablo Suero fue el propagandista más eficaz con que Federico contó en la prensa porteña. En ese

Arriba, Jorge Larco, Lorca, Cunill Cabanellas, Manuel Fontanals, y de costado Pablo Suero conversando, puesta de el Retablillo de Don Cristóbal... Final de fiesta. *26 de marzo de 1934. Teatro Avenida.*

Abajo, fiesta campestre que la Sociedad Regional Valenciana "El Micalet" ofreció en Punta Chica, junto al Río de La Plata, a Federico García Lorca y a Lola Membrives, el 3 de diciembre de 1933; en el centro, Federico García Lorca y Enrique Amorín.

El poeta Federico García Lorca visitó el diario Noticias gráficas *para agradecer las notas y comentarios sobre su obra teatral. Entre otros periodistas se encuentra Agustín Ramón. Año 1933.*

sentido, publicó, en *Noticias Gráficas,* dos de las más notables entrevistas al poeta. Suero comprendió, como nadie en Buenos Aires, la personalidad del granadino, y su conversación fluida y vivaz lo conmocionó. Sus notas reflejan el mundo de Federico y *Noticias Gráficas* fue el primer medio que publicó fotos del alegre y sonriente visitante.

Ian Gibson ha señalado en su biografía de Federico que *"Suero no duda de que tiene delante al más pujante, puro y hondo de los poetas de habla hispana, antiguo y moderno a la vez, enraizado en la tradición andaluza pero abierto a las más nuevas corrientes del arte mundial".* Y a continuación cita las palabras de Suero: *"Los curtidos abuelos labradores de la Vega de Granada de nuestro García Lorca le dieron esta simiente fecunda del verbo sobrio. El artista vino después y enriquecióla con la ciencia y la dramaturgia del arte".*[46]

La amistad entre Pablo Suero y Federico continuó cuando Lorca regresó a España. Durante las vacaciones del verano argentino de 1935, Suero viajó a Europa. Allí conoció a los padres de Federico, a sus amigos, y el medio en el que éste desarrollaba su vida, compartió con él la lectura de nuevos textos y se maravilló con ellos.

Ian Gibson comenta que *"Suero declara en Madrid, donde se conecta otra vez con el poeta, su extraordinaria satisfacción por haber promocionado a Lorca desde las columnas de la prensa rioplatense, contribuyendo con ello a su éxito".*[47]

Pablo Suero compartió los últimos días de su estancia en Madrid con Federico y su familia, y escuchó el anticipo de los textos que más tarde se conocerían como *Comedia sin título.*

[40] Walsh y Thompson, op. cit.
[41] Helvio Botana, *Los dientes del perro. Memorias,* Arturo Peña Lillo editor, Buenos Aires, 1985, página 104.
[42] Gibson, op. cit., página 264.
[43] Julio C. Viale Paz, "Una época brillante del teatro argentino", *Revista del Notariado,* nº 726, Buenos Aires, 1973.
[44] Ibídem.
[45] Ibídem.
[46] Gibson: op. cit., página 264.
[47] Ibídem, página 412.

Conrado Nalé Roxlo

Poeta, dramaturgo y humorista desopilante, Conrado Nalé Roxlo fue parte del grupo que compartió la primera de las muchas veladas con que fue agasajado García Lorca en el departamento de los Rojas Paz, a la noche siguiente de su llegada, el 14 de octubre de 1933.

El artículo "Delicias poéticas", firmado por Leopoldo Lugones en el suplemento cultural del diario *La Nación* de Buenos Aires y en el que el autor de *El payador* resaltaba los valores estéticos de su obra, le había dado a Nalé Roxlo el espaldarazo literario. Así, a partir de 1927 Nalé Roxlo se convirtió en colaborador permanente del diario *Crítica*, más tarde del diario *El Mundo*, en el que publicó una serie de cuentos que firmó con el seudónimo Chamico –convirtiendo en nombre propio la denominación popular del venenoso arbusto– y en otras publicaciones de la época, y logró el favor del público teatral con obras como *La cola de la sirena* y *Una viuda difícil*.

En su biografía *Tiempo y vida de Conrado Nalé Roxlo*, María Hortensia Lacau cuenta que *"... por los mismos días y también más tarde, frecuenta ya con otros jóvenes, Ernesto Palacio, Raúl González Tuñón, Carlos de la Púa, Gregorio de Laferrere y otros el famoso Almacén de la Cueva, apodado por ellos "El Puchero Misterioso", donde se podía comer por cincuenta centavos un sabroso y abundante puchero, más otros implementos como pan, café y vino".*[48]

El poeta Raúl González Tuñón le contó a Pedro Orgambide, que aquel bodegón situado en Cangallo y Talcahuano, a escasas dos cuadras de la avenida Corrientes, al que García Lorca fue llevado más de una vez por sus amigos, fue bautizado como "El puchero misterioso" justamente por Nalé Roxlo *"...porque aparecían los platos por un agujero en la pared, que servía 'una mano fantasmagórica' "*.[49]

Además de aquellos encuentros nocturnos, Nalé Roxlo guardaba un recuerdo muy especial: el de la reunión multitudinaria en homenaje a García Lorca que se llevó a cabo en la quinta Los Granados, del propietario y director del diario *Crítica*, Natalio Botana. Se trataba de una suntuosa mansión *"... con su criadero de faisanes; su biblioteca llena de incunables y lujosas encuadernaciones; su lago artificial con cisnes; sus perros de raza; sus pajareras con pájaros exóticos; su cabaña canadiense de madera con altos lechos para huéspedes, y sus vitraux que reproducen diferentes aves..."*[50]

Los Granados estaba en Don Torcuato, a cincuenta kilómetros de Buenos Aires, y para llegar allí era preciso atravesar campos de pastoreo y sembradíos de trigo en los que se podría llamar un "anticipo de la pampa", y este corto viaje en automóvil fue una de las pocas oportunidades que García Lorca tuvo de apreciar la inmensidad sin horizontes de la llanura pampeana.

Un paisaje que impresionó profundamente a García Lorca, como recordó ya de regreso en España, cuando en una entrevista con un periodista del diario *La Voz* de Madrid sentenció: *"Lo más melancólico del mundo es la pampa. Lo más traspasado de silencio"*.[51]

Conrado Nalé Roxlo.

[48] María Hortensia Lacau, *Tiempo y vida de Conrado Nalé Roxlo,* Plus Ultra, Buenos Aires, 1976, página 77.
[49] Pedro Orgambide, "Un porteño del Once", en *Primer Plano,* suplemento de cultura de *Página 12,* 19 de noviembre de 1995, página 2.
[50] Lacau, op. cit., página 265.
[51] Federico García Lorca, *Obras completas,* tomo III, Editorial Aguilar, México, 1991, página 624.

José "Pepe" González Carbalho

Fue otro de "los siete" que compartieron el primer encuentro con Federico en el departamento de los Rojas Paz. Hijo de gallegos, había nacido en San Telmo y el paisaje de la ciudad fue uno de los temas de su poesía.

Su amigo y en cierta medida discípulo, el también poeta Antonio Requeni, lo recuerda así: *"Yo he marchado junto a González Carbalho por las veredas de San Telmo, ante cuyas patricias casonas, cúpulas de antiguos templos y rejas voladas, deteníase a narrarme historias, prestigiosos o mínimos sucesos que habían tenido por escenario aquellos lugares. Recuerdo su erudición en rejas y aldabones, su versión acerca de la altura de los patios característicos de esa zona..."*[52]

Sobre su poesía eminentemente urbana, comenta: *"Compadritos, mayorales y payadores; todas aquellas imágenes de auténtica vibración popular que pisaran el empedrado de Buenos Aires en las primeras décadas del siglo eran para González Carbalho temas de evocaciones encariñadas que no podrían olvidar quienes las hayan oído de sus propios labios. Su porteñismo, ese porteñismo que abona constantemente la materia sensible de sus versos, rehuía el aditamento colorido, el disfraz pintoresco, lo superficial, en fin, para ir hacia la honda esencia del 'ser' porteño"*.[53]

La impresión que García Lorca dejó en "Pepe" González Carbalho fue profunda y perdurable. A punto tal que a él se

debe la primera obra dedicada a celebrar al poeta granadino, y a deplorar su desaparición después del asesinato: el libro *Vida, obra y muerte de Federico García Lorca*, que se editó en 1938 en Santiago de Chile.

"*Lo conocí en Buenos Aires en 1933*", cuenta González Carbalho en su libro. "*Fuimos amigos. Y le presencié en diversos prismas de su personalidad. Por ejemplo, la magia de su conversación. Él tenía el don de evocar, de reconstruir, de narrar. A su charla acudían anécdotas, coplas, sentimientos, temores, lágrimas. Algo había en su hablar que fluía constantemente como un río ceniciento del que se levantaba, con un rumor de suelo, la alegría de vivir, de respirar, de cantar. Dijimos de la idea de muerte que lo obsedía, no la muerte real, esa inevitable y sencilla, sino la de muerte violenta, con un golpe de sangre, la que tuvo. Pero él se distraía con una canción, con la multitud de canciones que le obedecían en la memoria, y con su fiebre incontenible de crear.*"[54] Afirma González Carbalho que era tal la pasión de Federico por la palabra, que a veces las inventaba. "*Y gustaba llamar a las cosas por su nombre, pues nada es tan maravilloso como el vocablo auténtico, sin disimulo, ya atemperado por el uso. Como buen gitano, gustaba de la mentira hermosa. Sin embargo, era de sinceridad tan ruda que abandonó una casa, un día en que era invitado de honor, porque se hizo el elogio de la monarquía. Él no podía estar*

*Reunión de grandes. A la derecha, arriba, está Federico y a la izquierda, con vestido claro, Alfonsina.
Foto aparecida en el libro* Cronicón de las Peñas de Buenos Aires, *2º edición, Antonio Requeni, Fundación Banco de Boston, Buenos Aires, 1958.*

José "Pepe" González Carbalho.

bajo un techo en que se ofendiera a España. Improvisaba su vida con el mismo meticuloso cuidado con que otros especulan sobre ella. Tenía la actitud de la adolescencia en todo y se daba con amor a los días, como si cada amanecida fuera un enamoramiento."[55]

Tampoco escapó a la mirada atenta de González Carbalho la magnitud de la popularidad de que gozó García Lorca entre los porteños. *"El pueblo argentino llegó a querer al poeta. En las calles se lo reconocía. Vestía a menudo el clásico mono o la camiseta marinera."* Y agrega una pincelada acerca del carácter del visitante: *"Supo inmediatamente reconocer quiénes podían ser sus amigos, y se rebelaba sin disimulos ante el snobismo de quienes lo buscaban para alardear después de que habían tenido como invitado al poeta aplaudido"*.[56]

Además de los reiterados encuentros informales que compartió con Federico, hubo un acontecimiento cultural que llenó de orgullo y satisfacción a González Carbalho. Su libro de poesías *Cantados,* que había sido publicado en 1933 por la editorial La Facultad, resultó galardonado con el Premio Municipal de Poesía correspondiente al año 1934. García Lorca no sólo apreciaba esta obra que había conocido a poco de llegar, sino que estuvo presente, junto a Pablo Neruda, en el banquete que en homenaje al premiado se ofreció en la peña Signo.

La amistad que creció entre ambos en aquellos casi seis meses explica sin duda la emotividad de la evocación de González Carbalho cuando se refiere a la despedida de Federico: *"Así era su corazón, encendido y transparente, comprometiéndose de continuo en los sentimientos. Mucho podría decirse de estas conversaciones suyas, en las que descubría moradas de su alma. Pero ahí están Blanco Amor, Suero, Guibourg, Amorín, Girondo y tantos otros, para decirlo con exactitud de conocimiento y buena pluma. Cuando se alejó hacia España, pareció que llevaba enteras la amistad y la simpatía. Y tuvo él una emoción desolada al separarse de sus amigos. Sin duda que Federico sentía desgarramiento en cada despedida, como si cada vez que se decidiera a partir lo hiciera para siempre"*.[57]

---

[52] Antonio Requeni, González Carbalho, Ediciones Culturales Argentinas, Ministerio de Educación y Justicia, Buenos Aires, 1961, páginas 14 y 15.
[53] Ibídem, página 15.
[54] José González Carbalho, *Vida, obra y muerte de Federico García Lorca,* Ediciones Ercilla, Santiago de Chile, 1938, página 78.
[55] Ibídem, página 79.
[56] Ibídem, página 34.
[57] Ibídem, página 37.

Edmundo "Pucho" Guibourg

La Casa del Teatro, fundada por Regina Pacini de Alvear —esposa de Marcelo Torcuato de Alvear, presidente de la Nación en el período 1922-1928— comenzó a funcionar precariamente en 1931 en el edificio que conserva hasta hoy, en avenida Santa Fe 1243.

En octubre de 1933, Edmundo "Pucho" Guibourg, quien a los cuarenta años era un nombre consagrado en el periodismo argentino —desde 1932 escribía en *Crítica* una columna titulada "Calle Corrientes"— se desempeñaba como secretario general de esa institución de la dramaturgia argentina. En una entrevista que le hizo Any Ventura en 1978 para el diario *La Prensa* de Buenos Aires, Guibourg recuerda que *"... una tarde [de 1933] me avisan que un galleguito espera en la puerta de la Casa del Teatro. Salgo a su encuentro y me dice: 'Soy García Lorca, acabo de llegar y terminado mi encuentro con Lola Membrives, vine a agradecerle su crítica de Bodas de sangre'. Nos hicimos muy amigos. Compartimos con él y Samuel Eichelbaum una audición de radio durante un tiempo".*[58]

Edmundo Guibourg nació el 15 de noviembre de 1893 en Balvanera, pero pronto la familia se mudó a Villa Crespo, y a los cinco años al Abasto, un barrio cuya vida social giraba en torno de un activo mercado de frutas y verduras que abastecía a los comercios de la ciudad. Allí conoció, junto a su hermano, a Carlos Gardel. La gente del barrio los llamaba "los francesitos". Y con fundamento, pues su padre, escultor en madera y ebanista, había nacido en Francia.

En el libro de conversaciones con Mona Moncalvillo, *El último bohemio*, Guibourg recuerda su infancia: *"El Abasto para Gardel y para mí fue un nexo de unión que sirvió para toda la vida. Fue el paisaje, el entorno, el clima, la ciudad. Fue Buenos Aires condensada en las calles de un barrio pintoresco en extremo... Cuando yo tenía seis o siete años empecé a ir a la escuela con mi hermano mayor, que tenía dos años más que yo y un año menos que Gardel. Él andaba por los nueve años, era un chiquilín".*[59]

Concluida la escuela primaria, comenzó la secundaria en la Escuela Normal de Profesores Mariano Acosta, pero no resultó un buen alumno: dejó la escuela y se volcó a "vivir la vida", según sus propias palabras. En el diario transitar por los cafés, las tertulias, y en contacto con el mundo del teatro, que lo atrapó desde muy joven, Edmundo hizo su aprendizaje de la vida. Uno de sus lugares preferidos fue el Café de los Inmortales, un oasis cultural frecuentado por artistas y escritores que se erigía desde 1906 en la calle Corrientes 922. Según el investigador de la historia de la ciudad Jorge Barrio, la denominación de *los*

En la página siguiente, arriba, de izquierda a derecha Manuel Fontanals, detrás Isidoro J. Odena, Lola Membrives, Edmundo "Pucho" Guibourg, el dramaturgo Enrique García Velloso, Federico García Lorca y Helena Cortesina, entre otros.

En la página siguiente, abajo, Edmundo Guibourg abraza a su primo y compañero de adolescencia, Roberto Godenzi, 1981.

De izquierda a derecha, Juan Carlos Holguín, Eduardo Gudiño Kieffer, Edmundo Guibourg, Elba Hermida Calvo y Eduardo Guibourg, en la bodega del Café Tortoni.

Inmortales con que lo bautizó don León Desbernats no se refiere al genio literario de quienes lo frecuentaban: *"...más bien, recuerda Vicente Martínez Cuitiño, se debe a una ocurrencia de Florencio Sánchez, impuesta después por Evaristo Carriego, por la que se denominaba así a los contertulios del café, debido a que debían ser «inmortales» porque nunca comían. Martínez Cuitiño acota que don León cambió la denominación cuando ya todo Buenos Aires lo conocía por Los Inmortales"*.[60]

Para la época del Centenario, 1910, Edmundo tenía diecisiete años y ya era habitué y conocido del Café de los Inmortales, y en torno a sus mesas nació su vinculación con escritores, poetas y periodistas y con el mundo del teatro.

Apunta Tito Livio Foppa que todavía no ejercía la crítica. *"Su lápiz burlón y travieso, con el que había popularizado el seudónimo «Pucho», transportaba al papel, sin acritud ni malevolencia, rasgos caricaturescos de figuras del ambiente, recogidos a menudo en las páginas de aquellos ágiles diarios vespertinos de las primeras décadas de este siglo. Luego abandona el lápiz y se incorpora definitivamente al periodismo escrito, ejerciendo la crítica teatral..."*[61]

Guibourg encontró su verdadera vocación en el periodismo. Por muchos años trabajó en el diario *Crítica*. *"Cuando en 1933 vino García Lorca a Buenos Aires, la primera persona que buscó fue a mí"*, cuenta en las conversaciones ya citadas. *"La razón estaba en que el éxito que tuvo* Bodas de sangre *en Buenos Aires, con Lola Membrives, se debió mucho a los críticos como Octavio Ramírez, de* La Nación, *Pablo Suero, de* La Razón, *y principalmente yo en* Crítica. *Conseguimos gravitar sobre el público para que fuera a verla y cuando fue a verla, evidentemente, comprobó que la obra tenía asidero suficiente para ser un gran éxito"*.[62]

La amistad entre Lorca y Guibourg quedó sellada desde el comienzo. Hombres de afecto y conversadores natos ambos; francos, dueños de estilos propios en la comunicación y el arte de hacer amigos, el vínculo se intensificó a lo largo de aquellos seis meses de residencia de Lorca en Buenos Aires. A ello contribuyó también el núcleo de amigos mutuos, entre quienes se contaban los ya nombrados Pablo Rojas Paz, Carlos de la Púa, Raúl González Tuñón, Carlos Viale Paz, Pablo Neruda, y también Ricardo Molinari, Alfonsina Storni y el talentoso dramaturgo Samuel Eichelbaum, cuñado de Guibourg.

En la entrevista que Guibourg concedió a los estudiosos norteamericanos Walsh y Russell Thompson cuando estaba próximo a cumplir noventa años, recuerda los encuentros de ese grupo de amigos: *"Fontanals era un gran plástico de la escenografía, un gran maestro y era el compañero inseparable de García Lorca. Se separaban porque tenían invitaciones diferentes. Pero el grupo nuestro solía tenerlos a los dos. Cuando podían escaparse de otros lugares, siempre el punto de reunión era la evasión, el irse de los compromisos de todo lo que era burgués, las señoras de la sociedad* argentina, y todo el snobismo, ¿no? Entonces, cuando podía escapar del snobismo, la cita era con nosotros en la Avenida de Mayo: en el Castelar, en el Café de Florencia, en el Café de los 36 Billares, en el Café Berna cerca de la plaza del Congreso, eran cuatro o cinco cafés en los que nos reuníamos. Nos dábamos la palabra y todos íbamos."[63]

Quienes han estudiado la vida y la obra de García Lorca se han preguntado muchas veces por qué el poeta no escribió nada durante su estadía en Buenos Aires. Guibourg tiene su propia respuesta: *"No le dábamos tiempo"*, recuerda en esa misma entrevista. *"Se sentía haragán acá, porque todos éramos unos haraganes, nos gustaba reír. Él era la risa constante, la carcajada constante. Siempre hacía imitaciones de viejas argentinas, de alemanes, cualquier cosa para poder reírse ingenuamente."*[64]

Y a propósito de esta actitud ante la vida que todos ellos compartían, recuerda Guibourg una anécdota que resume con gracia el espíritu que los animaba. *"Alguna vez lo he contado y la gente se resiste a creerlo"*, relata, *"pero es verdad que yo estuve en la cárcel con García Lorca. Fue una noche mientras tomábamos café en una confitería de la Plaza del Congreso. Había elecciones y con ellas la prohibición de concurrir tarde a lugares públicos. Allí estábamos Pablo Suero, Samuel Eichelbaum, Lorca y yo. A las tres de la mañana, con las cortinas echadas y los cafés tibios encima de la mesa, entraron dos policías y nos llevaron a la comisaría de Venezuela y Tacuarí. Allí un auxiliar nos preguntó por separado:*

—¿Cómo se llama?
—Pablo Suero.
—¿Profesión?
—Poeta.
—Eso no es una profesión, con eso no puede usted ganarse la vida.
—¿Cómo se llama?
—Samuel Eichelbaum.
—¿Profesión?
—Dramaturgo.
—Tampoco eso es una profesión.

Y al llegar a García Lorca se repitieron las preguntas:
—Federico García Lorca, español, poeta.

El policía contestó con cierta alteración:
—Un momento, estos señores son paisanos y les puedo permitir la broma, pero es el colmo que se la tenga que aguantar a un gallego...

A la hora llegó el subcomisario y, disculpándose, nos dejó en libertad."[65]

[58] Any Ventura, "Edmundo Guibourg, los 85 años de un crítico joven", *La Prensa*, diciembre de 1978.
[59] Mona Moncalvillo, *El último bohemio. Conversaciones con Edmundo Guibourg*, Ediciones Celtia, Buenos Aires, 1981, página 103.
[60] Jorge A. Barrio, *Los cafés de Buenos Aires. Reportaje a la nostalgia*, Editorial Plus Ultra, 1995, página 130.
[61] Tito Livio Foppa, *Diccionario teatral del Río de la Plata*, Argentores, Ediciones del Carro de Tespis, Buenos Aires, 1961, páginas 362-63.
[62] Moncalvillo, op. cit., página 69.
[63] Walsh y Russell Thompson, op. cit., página 215.
[64] Ibídem, página 215.
[65] Pedro Villarejo, *García Lorca en Buenos Aires*, Libros de Hispanoamérica, Buenos Aires, 1986, página 116.

Cabezas cortadas de Federico García Lorca y Pablo Neruda
autores de este libro de poemas.

Este Patético dibujo fué realizado la tarde del Martes 13 de 1934 en la
ciudad de Santa María de los Buenos Aires así como todos los demás
dibujos —

Pablo Neruda

Ricardo Eliecer Neftalí Reyes, que había nacido en Parral, Chile, en 1904, y había hecho sus estudios en la ciudad de Temuco, firmaba sus poesías con el seudónimo Pablo Neruda. A los 29 años, en agosto de 1933, llegó a Buenos Aires como cónsul chileno. Su libro *Residencia en la tierra* se acababa de publicar en Chile, y ese año de 1933 la editorial Tor, de Buenos Aires, presentó la primera edición del poemario que con el tiempo se convertiría en un clásico de la literatura contemporánea: *Veinte poemas de amor y una canción desesperada*.

Neruda fue otro de los siete que compartieron la reunión nocturna en el departamento de los Rojas Paz el 14 de octubre: allí conoció a Federico. No tardarían en hacerse amigos y compartirían luego muchas otras noches y encuentros con poetas y artistas de Buenos Aires, como lo testimonia Raúl González Tuñón, uno de los pocos que nos han dejado un retrato vívido de la relación entre el chileno y el español.

"Lo conocí en días memorables de mi vida de poeta y periodista", dice González Tuñón. *"Fue en 1933, en casa de Oliverio Girondo. Pablo era entonces cónsul en Buenos Aires. Poco antes había llegado Lorca para presentar* La zapatera prodigiosa, Bodas de sangre *y los deliciosos e intencionados títeres del* Retablo de Don Cristóbal. *Recuerdo que a este incomparable Federico le hice un reportaje para el viejo diario* Crítica. *Nos deslumbró con su genio y su ingenio. Oliverio y la encantadora Norah,*[66] *inolvidables amigos, nos invitaron a su casa mágica de la calle Suipacha, a una comida en honor de Federico. Allí se hallaba Pablo. De entrada me pareció algo solemne, distante. ¡Qué equivocado estaba! Al correr los minutos y las copas, la solemnidad*

En la página anterior, Cabezas cortadas *de FGL y Pablo Neruda. Inscripción: "Cabezas cortadas de Federico García Lorca y Pablo Neruda / autores de este libro de poemas. / Este patético dibujo fue realizado la tarde del Martes 13 de 1934 en la / ciudad de Santa María de los Buenos Aires así como todos los demás / dibujos-"*

Pablo Neruda en Buenos Aires, 1934.

1934. Federico y Pablo en Buenos Aires.

y la frialdad desaparecieron para dar lugar a las bromas y los cantos (esas bromas y esos cantos continuaron repitiéndose en las casas en que él vivió en distintos lugares, abiertas siempre generosamente a los amigos). Federico tocó el piano y en un momento dado leyó un poema de Neruda, aquel que termina así: '... y una paloma con un número'."67

La rica y entrañable evocación de González Tuñón continúa: *"Volvimos a vernos en casa del querido matrimonio Rojas Paz, una noche en que Federico improvisó, en el piano, retratos musicales interpretando rasgos del temperamento de varios de los asistentes a la reunión. Algo fantástico: a través de ligeros compases, al retratar a Neruda, por ejemplo, sugirió la grave sugestión de algunos poemas de* Residencia en la tierra, *así como, en mi caso, mezcló a un ritmo adecuado a mis fantasías, y como jugando con las teclas, la clásica tonada de* La Internacional. *Y esa noche yo aún no sospechaba que pronto iba a establecerse entre los tres una firme amistad, quebrada, en el caso de Federico, por el crimen".*68

Ian Gibson, el biógrafo más minucioso de García Lorca se lamenta en su libro de que la relación de ambos esté apenas documentada, pero sostiene de todos modos que *"... el encuentro con Federico debió ser para Neruda como un espléndido e inesperado regalo..."*69, y refiere además una de las aventuras compartidas de la que Neruda da cuenta en su libro *Confieso que he vivido*, que no incluiré aquí por ser suficientemente conocida.

A pesar de lo que certeramente señala Gibson, el rastreo de viejas publicaciones periódicas puede ser fructífero. Así, por ejemplo, alguien se refirió también a la amistad de los dos poetas. *"Neruda era un hombre muy erótico –dice– muy difícil en este sentido. Pero un hombre extraordinario, claro. Y se entendieron con Lorca desde el punto de vista de que eran dos grandes artistas. Pero sin hablar nunca de materia literaria, sin profundizar nunca en eso."*70 Aquella dupla fue sin duda memorable para quienes la conocieron, al punto de que Norah Lange comentó que *"...la ruidosa presencia de la combinación Lorca-Neruda en Buenos Aires durante estos meses de 1933 y 1934 alteraba completamente el tono de la atmósfera artística de la ciudad..."*71

Otro testigo privilegiado fue el periodista Chas de Cruz, quien en una entrevista en casa de Pablo Neruda antes de la partida de Federico hacia España recogió este diálogo: *"Pues, hijo –exclamó Lorca–, ¡que se me hace duro alejarme de Buenos Aires! He andado meses por Nueva York, y al partir, lo hacía casi contento. ¡Vería a mis queridos amigos de Madrid de mi corazón! Ahora, con ansias de estar entre los míos, me parece que dejo algo de mí en esta ciudad bruja. En poco tiempo he hecho amigos que me parecen de años. Aquí está Pablo, que es para mí más que un hermano, y a quien hasta hace pocos meses sólo conocía por sus magníficos versos… El público argentino ha sido generoso conmigo y con mis obras… Además, en cada casa, en cada calle, en cada paseo, dejo un recuerdo mío…"*[72]

Pero el acontecimiento que sin duda dejó un recuerdo imborrable en quienes estuvieron presentes fue el discurso "al alimón" sobre Rubén Darío que Pablo y Federico dieron juntos en ocasión de un homenaje que los intelectuales y artistas argentinos tributaron a ambos el 20 de noviembre de 1933 en el local del Pen Club de Buenos Aires.

Federico, ingenioso y creativo como siempre, tomó la idea de las corridas de toros. La "faena al alimón" es la que despliegan dos toreros que manejan una misma capa para enfrentar al toro. Vale la pena transcribir el discurso, ya que es una "obra" conjunta y poco conocida que tiene un indudable valor histórico y testimonial y ayuda a comprender la estatura artística de estos dos poetas que el azar reunió en Buenos Aires.

1933. Foto de Pablo Neruda dedicada a Federico García Lorca.

Discurso al alimón
(Federico García Lorca y Neruda sobre Rubén Darío)

Neruda: *Señoras…*
Lorca: *…y señores. Existe en la fiesta de los toros una suerte llamada "toreo al alimón", en que dos toreros hurtan su cuerpo al toro cogidos de la misma capa.*
Neruda: *Federico y yo, amarrados por un alambre eléctrico, vamos a parear y a responder esta recepción muy decisiva.*
Lorca: *Es costumbre en estas reuniones que los poetas muestren su palabra viva, plata o madera, y saluden con su voz propia a sus compañeros y amigos.*
Neruda: *Pero nosotros vamos a establecer entre vosotros un muerto, un comensal viudo, oscuro en las tinieblas de una muerte más grande que otras muertes, viudo de la vida, de quien fuera en su hora marido deslumbrante. Nos vamos a esconder bajo su sombra ardiendo, vamos a repetir su nombre hasta que su poder salte del olvido.*
Lorca: *Nosotros, después de enviar nuestro abrazo con ternura de pingüino al delicado poeta Amado Villar, vamos a lanzar un gran nombre sobre el mantel, en la seguridad de que se han de romper las copas, han de saltar los tene-*

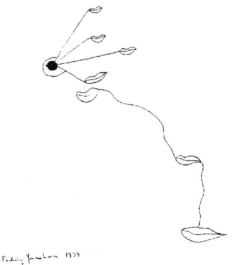

Walking around. *Dibujo de Federico García Lorca, 1934.*

Monumento a Rubén Darío, obra de José Fioravanti, ubicado en la Av. del Libertador y Austria, Buenos Aires.

En la página siguiente, Paloma por dentro, Sólo la muerte. *Pablo Neruda y Federico García Lorca, 1934.*

dores, buscando el ojo que ellos ansían, y un golpe de mar ha de manchar los manteles. Nosotros vamos a nombrar al poeta de América y de España: Rubén...

Neruda: *Darío. Porque, señoras...*

Lorca: *... y señores...*

Neruda: *¿Dónde está, en Buenos Aires, la plaza Rubén Darío?*

Lorca: *¿Dónde está la estatua de Rubén Darío?*

Neruda: *Él amaba los parques. ¿Dónde está el parque Rubén Darío?*

Lorca: *¿Dónde está la tienda de rosas de Rubén Darío?*

Neruda: *¿Dónde están el manzano y la manzana Rubén Darío?*

Lorca: *¿Dónde está la mano cortada de Rubén Darío?*

Neruda: *¿Dónde está el aceite, la resina, el cisne Rubén Darío?*

Lorca: *Rubén Darío duerme en su "Nicaragua natal" bajo su espantoso león de marmolina, como esos leones que los ricos ponen en los portales de sus casas.*

Neruda: *Un león de botica, a él, fundador de leones, un león sin estrellas a quien dedicaba estrellas.*

Lorca: *Dio el rumor de la selva con un adjetivo, y como Fray Luis de Granada, jefe de idioma, hizo signos estelares con el limón, y la pata de ciervo, y los moluscos llenos de terror e infinito; nos puso el mar con fragatas y sombras en las niñas de nuestros ojos y construyó un enorme paseo de gin sobre la tarde más gris que ha tenido el cielo, y saludó de tú a tú al ábrego sobre el capitel corintio con una duda irónica y triste, de todas las épocas.*

Neruda: *Merece su nombre rojo recordarlo en sus direcciones esenciales con sus terribles dolores del corazón, su incertidumbre incandescente, su descenso a los hospitales del infierno, su subida a los castillos de la fama, sus atributos de poeta grande, desde entonces y para siempre imprescindible.*

Lorca: *Como poeta español, enseñó en España a los viejos maestros y a los niños, con un sentido de universalidad y de generosidad que hace falta en los poetas actuales. Enseñó a Valle Inclán y a Juan Ramón Jiménez, y a los hermanos Machado, y su voz fue agua y salitre en el surco del venerable idioma. Desde Rodrigo Caro a los Argensolas o don Juan de Arguijo no había tenido el español fiestas de palabras, choques de consonantes, luces y formas como en Rubén Darío. Desde el paisaje de Velázquez a la hoguera de Goya y desde la melancolía de Quevedo al culo color manzana de las payesas mallorquinas, Darío paseó la tierra de España como su propia tierra.*

Neruda: *Lo trajo a Chile una marea, el mar caliente del Norte, y lo dejó allí el mar, abandonado en esa costa*

*dura y dentada,
y el océano lo
golpeaba con espumas y campa-
nas, y el viento negro de Valparaíso
lo llenaba de sal sonora. Hagamos esta noche
su estatua con el aire de esta sala,
atravesada por el humo y
la voz y por las
circunstancias, y
por la vida, como está su poética
magnífica atravesada
por sueños y
sonidos.*

Lorca: *Pero sobre esta estatua
de aire yo quiero poner
su sangre como un
ramo de coral,
agitado por la
marea, sus ner-
vios idénticos a la fotografía
de un grupo de rayos,
su cabeza de minotau-
ro, donde la nieve gongo-
rina es pintada por un vuelo de colibrís,
sus ojos vagos y ausentes de
millonario de lágrimas, y también sus
defectos. Las estanterías comidas ya
por los jaramagos, donde suenan
vacíos de flauta, las botellas
de coñac de su dramática
embriaguez, y su mal
gusto encantador, y
sus ripios
descarados
que llenan de
humanidad la
muchedumbre
de sus versos.
Fuera de normas, formas y escuelas,
queda en pie la fecunda sustancia de su gran poesía.*

Neruda: *Federico García Lorca, español, y yo, chileno,
declinamos la responsabilidad de esta noche de camaradas hacia esa gran sombra que cantó más altamente que
nosotros, y saludó con voz inusitada a la tierra argentina
que pisamos.*

Lorca: *Pablo Neruda, chileno, y yo, español, coincidimos
en el idioma y en el gran poeta nicaragüense, argentino,
chileno y español, Rubén Darío…*

Neruda y Lorca: *…por cuyo homenaje y gloria levantamos
nuestros vasos.*[73]

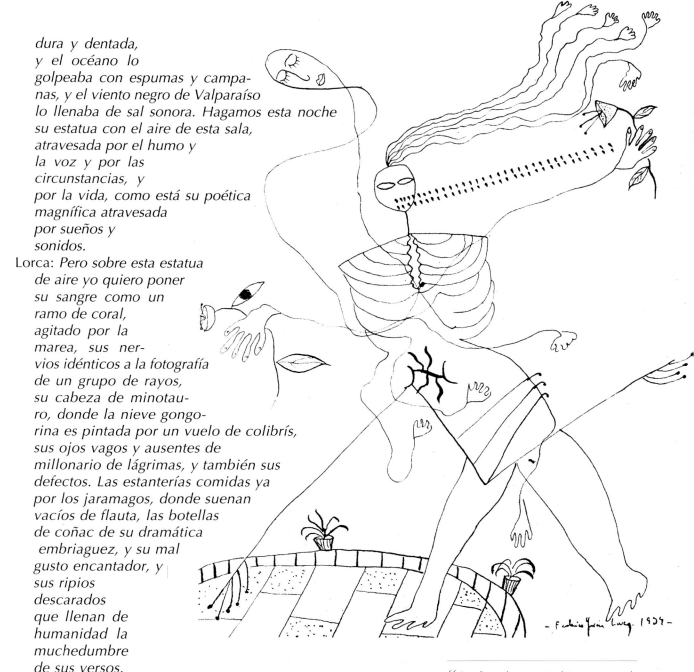

[66] Se refiere a la poeta Norah Lange, esposa de Oliverio Girondo, a la que me referiré más adelante.
[67] Raúl González Tuñón, *Pablo y Federico*, Revista Crisis, año 1, nº 4, agosto de 1973, página 38.
[68] Ibídem.
[69] Ian Gibson, op. cit., página 277.
[70] Ibídem.
[71] Ibídem, página 222.
[72] Chas de Cruz, *Han pasado dos poetas*, Cuadernos Hispanoamericanos, julio-agosto de 1986, nº 433-34, Homenaje a García Lorca, ICI, Madrid, 1986, página 35.
[73] "Discurso 'al alimón' de Federico García Lorca y Pablo Neruda sobre Rubén Darío", en *Federico García Lorca*, Obras completas, Tomo III, Aguilar, México, 1991, páginas 481 a 483.

Pablo Rojas Paz

Pertenecía a una tradicional familia santiagueña pero había nacido en la provincia de Tucumán. Se radicó desde muy joven en la Capital Federal, donde desarrolló una intensa actividad como periodista, ensayista, novelista y biógrafo.

Casado con Sara Tornú, fueron los primeros anfitriones que García Lorca tuvo en Buenos Aires. Su hijo, el doctor Enrique Rojas Paz recordó en una entrevista que *"... era el único escritor no porteño de ese grupo de amigos que se citaron el 13 de octubre, día de llegada de Federico García Lorca"*.[74] Y señala que por su origen, su padre *"trae a Buenos Aires la voz de la Argentina más antigua, memoriosa. Su prosa es clásica: escritor del barroco americano, su escritura viene del barroco español. Tenía la tristeza y la melancolía del hombre de la montaña"*.[75]

En ese entonces Pablo Rojas Paz tenía a su cargo en el diario *Crítica* una sección muy popular dedicada al fútbol en la que comentaba los partidos del fin de semana y que firmaba como *El negro de la tribuna*.

A propósito de aquel encuentro en el departamento de los Rojas Paz, vale la pena reproducir el testimonio de Pepe González Carbalho: *"A los pocos minutos [Federico] era ya dueño de la simpatía y la conversación. Allí le oímos definir a los autores teatrales en poetas y 'caballos' dramáticos. Su juicio era lapidario. Sus actos, según lo pude comprobar después, también. Repugnaba todo aquello que iba contra la expansión de su pensamiento generoso, contra su nobleza altiva. Prefería no asistir a una comida de caballeros y damas solemnes para conversar con sus amigos en el café, frente al vaso cordial, desbordado de proyectos y recuerdos"*.[76]

Por otra parte, la entrañable evocación del propio Pablo Rojas Paz tras el asesinato de García Lorca, que publicó en 1936 en el diario *Crítica*, revela el cariño y el respeto por los valores del gran poeta andaluz. Dice en esa nota Rojas Paz: *"...él estaba en un gran destino, él amaba la lucha y odiaba la injusticia. Un día acá en Buenos Aires, lo vimos angustiarse al considerar que había dejado solos a sus compañeros de lucha. Es probable, decía, que yo muera joven; hemos nacido en una época de peligro"*.[77]

Las fotografías de la época que hemos podido rescatar son otro testimonio incontrastable de la presencia permanente de los Rojas Paz en la vida porteña de García Lorca. La amistad así forjada se tradujo en sentidas palabras de dolor frente al sinsentido del crimen. En la nota ya mencionada Rojas Paz escribió: *"Yo no sé qué decir de esta muerte. Pero ella ha llegado* en medio de tanta muerte; su flor roja y negra ha brotado entre tantas flores de desgracia. Y el poeta, como un dios de su propio destino, con su mediodía brillante, ha entrado sonriente en la noche. Otros harán el elogio de su obra, pero yo hablo del amigo que conocí y del español que admiré". Y cierra el emocionado homenaje con palabras terribles: *"Sombra y silencio sobre su tumba, sombra y silencio sobre España"*.[78]

Homenaje a FGL. Teatro Avenida, Buenos Aires, 1 de marzo de 1934. El poeta granadino entre Norah Lange (a su derecha) y Sara Tornú. En la segunda fila, de pie, primero por la derecha, Jorge Larco; en el grupo del fondo, con barba, Oliverio Girondo y a su izquierda, Lisandro Galtier.

[74] Entrevista realizada por Pablo Medina, Buenos Aires, 1998.
[75] Ibídem.
[76] José González Carbalho, op. cit., página 34.
[77] Pablo Rojas Paz, "Ha muerto un gran poeta de la Nueva España: García Lorca."; "García Lorca maravilló a Buenos Aires", Buenos Aires, *Crítica*, 1936.
[78] Ibídem.

Sara Tornú de Rojas Paz

La "Rubia", como la llamaban sus íntimos, fue la gran animadora del grupo que acompañó a Federico García Lorca durante su permanencia en Buenos Aires y participó activamente en la organización de reuniones y fiestas. Estaba vinculada a la Asociación Amigos del Arte y a la peña Signo, a la que me referiré más adelante.

Hija de uno de los médicos más destacados de la Argentina, el doctor Enrique Tornú, Sara supo trabajar en la editorial Losada, y cultivó la amistad, entre otros, de Oliverio Girondo y su esposa Norah Lange, Pablo Neruda y Pepe González Carbalho.

Además de las veladas en su casa, Sara y su esposo Pablo Rojas Paz compartieron salidas y encuentros con Federico en lugares como la confitería Mundial, el bar Germinal, los restaurantes de la cortada Carabelas y otros que estaban de moda por entonces.

En una ocasión, cuenta "la Rubia" en la entrevista de la revista *Primera Plana* que ya he citado, cuando se retiraban del teatro, García Lorca estaba melancólico. *"En esos casos, quería volver a España, extrañaba a su madre, tenía miedo de que se enfermase y él no la volviera a ver. Yo lo acompañaba a la oficina de correos, donde Federico, trémulo, despachaba un telegrama. Si le contestaban que todo iba bien, se tranquilizaba por unos días. El rito se repetía cada semana".*[79]

Claro que no siempre lo dominaba la melancolía. Cuenta Sara Tornú que una vez *"...vino indignado de una comida porque una señora, explicaba con grandes ademanes, le había preguntado: '¿Y cómo está el pobrecito Rey?'"*[80]

Uno de los rasgos de Federico que "la Rubia" recuerda como más original era la informalidad de su atuendo, que ya hemos comentado. Salvo las noches que debía concurrir al teatro Avenida –allí Lola Membrives representaba *Bodas de Sangre* y le exigía que se presentara de smoking–, se paseaba por la ciudad con alguna de sus tricotas de cuello alto. *"Fue la primera vez que vi a un hombre con ese modelo* –comenta "la Rubia"–, *y sobre todo con mameluco. Decía que era la prenda más cómoda y no se la quitaba casi nunca."*[81]

Ese hábito no encajaba con las pacatas y rígidas exigencias de la vida social en el Buenos Aires de la década de los treinta. Según el relato de Sara Tornú tal como lo reconstruye su hijo, el doctor Enrique Rojas Paz, en una oportunidad visitó a Federico mientras dirigía un ensayo teatral. Alrededor del mediodía sintió hambre, decidió hacer un alto en la labor e invitó a "la Rubia" a almorzar. Ella sugirió el grill del Plaza Hotel. La costumbre del momento en esa Buenos Aires que quería ser aristocrática era

Lorca y sus amigos frente al Conte Biancamano, *buque en el que volvió a España.*

que nadie podía sentarse a comer en un restaurante de categoría si no estaba vestido de acuerdo con las convenciones de rigor. Sara y Federico, él con su mono azul, atravesaron la enorme sala del Plaza rumbo al comedor. Al llegar a la entrada fueron interceptados por el conserje, quien insistió en que el señor del mono azul no podía entrar así. *"Mi madre",* cuenta Enrique Rojas Paz, *"dirigiéndose al conserje le dijo: '¿Pero, usted sabe quién es el señor?' 'No', respondió el hombre. 'Es Federico García Lorca, el poeta y dramaturgo español.' El conserje, dándose por enterado, contestó: 'Si es así, es un honor para el Plaza.'"*[82]

Sara Tornú fue testigo privilegiada de la angustia que atenazaba a Federico ante la posibilidad del retorno a España. El viaje lo aterrorizaba y no cesaba de hablar del tema. *"No le gustaba el barco, tenía miedo de ahogarse, de una catástrofe que lo hundiera",* recordó Sara Tornú en aquella entrevista de 1968, para agregar que los viajes por tierra firme, en cambio, lo fascinaban: *"El momento más feliz de mi vida –solía recordar– fue cuando recorrí mi país con La Barraca, haciendo teatro."*[83]

En su evocación no estuvo ausente tampoco la intensidad de los sentimientos que esa partida despertó entre los amigos de Buenos Aires. La semana anterior, comentó, *"…hubo tres despedidas diarias; después fuimos todos al barco. Es inútil contar lo que lloramos. No tanto como dos años después, cuando llegó, confusa, inverosímil, la noticia de su bárbaro fusilamiento".*[84]

[79] "13 de octubre…", op. cit.
[80] Ibídem.
[81] Ibídem.
[82] Entrevista de Pablo Medina, op. cit.
[83] Ibídem.
[84] Ibídem.

Norah Lange

Su primer libro de versos, *La calle de la tarde,* se había publicado en 1925. Sus otros poemarios fueron: *El rumbo de la rosa,* de 1930, y *Los días y las noches,* de 1936.

El ultraísmo, orientación poética que se originó en España y fue difundida en Buenos Aires principalmente por Jorge Luis Borges, fue adoptado por un grupo de poetas entre quienes estaban Francisco Piñero, Guillermo Juan y Eduardo Lanuza y tuvo en Norah Lange una animadora entusiasta.

Mujer de carácter y temple, Norah le contó a Beatriz de Nobile que el agregado de la "h" a su nombre le fue sugerido por Guillermo de Torre, ultraísta español que estaba casado con Norah Borges, la hermana de Jorge Luis. De Torre era amigo de García Lorca y tuvo a su cargo la primera edición de las obras completas del poeta granadino. *"Él me convenció de que la hache era como un penacho que daba más realce a las dos sílabas insignificantes."*

Norah colaboró en forma permanente en las revistas *Prisma* y *Proa,* que publicaron poemas suyos, y en 1926 conoció a Oliverio Girondo, quien ya era una figura destacada en el mundillo literario argentino y formaba parte del grupo que editaba desde 1924 la revista *Martín Fierro,* creada por Evar Méndez. Este Oliverio, al que se unirá más tarde, era uno de los principales animadores del grupo martinfierrista y se convertiría en su amor de toda la vida.

Norah y Oliverio no sólo compartieron la primera velada de García Lorca en Buenos Aires en el departamento de los Rojas Paz, sino que se los vio junto a Federico en la mayoría de las fotos grupales de aquellos meses, tomadas en algunas de las innumerables fiestas y agasajos. Según registra Volodia Teitelbaum, biógrafo de Pablo Neruda, *"...eran fiestas descocadas, largamente sacrílegas, que neutralizaban el tedio de la oficina y la tensión doméstica".*[85]

Algunas de ellas se realizaron en la casa que Norah y Oliverio tenían en la calle Suipacha al 1400, que él habitó cuarenta años y ella veinticinco, y que Norah donó al Museo Municipal Isaac Fernández Blanco, que está al lado. Allí compartieron noches y brindis con Federico, Pablo Neruda, Amparo Mom y Raúl González Tuñón, Alfonsina Storni, Jorge Luis Borges y su madre, doña Leonor Acevedo, Pablo Rojas Paz y su mujer Sara Tornú, y Amado Villar, según cuenta María Esther de Miguel en su libro *Norah Lange.*[86]

En ese mismo libro, María Esther de Miguel comenta: *"Es de suponer el juego de ingenio que inventarían todos y cada uno de los participantes para acentuar con bromas, alegría,*

Norah Lange.

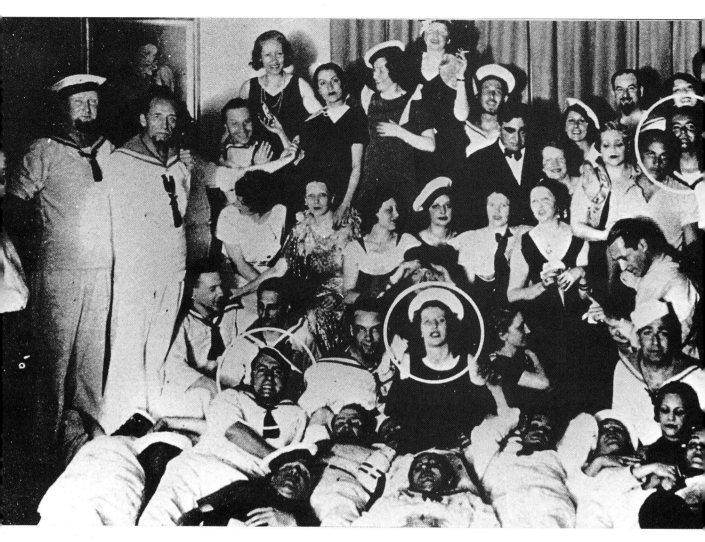

Fiesta en la casa de Norah Lange y Oliverio Girondo, indicados en círculo Pablo Neruda y FGL. Presentes además Pablo Rojas Paz, Amado Villar, "La Rubia", Amparo Mom, Raúl González Tuñón, José González Carbalho, Enrique Amorín, Manolo Fontanals y muchos otros amigos.

---

[85] Beatriz de Nobile, *Palabras con Norah Lange*. Reportaje y antología, Carlos Pérez Editor, Buenos Aires, 1968, página 13.
[86] Volodia Teitelbaum, *Neruda*, Editorial Losada, Buenos Aires, 1983.
[87] María Esther de Miguel, *Norah Lange*, Editorial Planeta, Buenos Aires, 1991, página 155.
[88] Op. cit., página 155.

cantos, bailes, el esplendor de encuentros y tertulias en las que por supuesto Federico era inigualable".

En 1933 Norah Lange presenta su libro *Cuarenta y cinco días y treinta marineros*, que había escrito tras regresar de un viaje por Noruega, intento narrativo de tono irónico y desenfadado que más tarde desestimó influida por la opinión de Oliverio, que lo consideraba superficial e insustancial. Dice Norah, recordando la elaboración de esta obra, que se divirtió muchísimo mientras lo escribía, *"pero sobre todo, me daba cuenta de que empezaba a hacer con el idioma lo que quería"*.[87]

Cuarenta y cinco días y treinta marineros fue publicada por la editorial Tor. El telegrama de aprobación que Amado Villar le envió en nombre de la editorial decía: *"Creo en Dios, en Yrigoyen y en Norah Lange"*.

"La presentación se hizo con bombos y platillos", cuenta María Esther de Miguel en la biografía de Norah Lange. Y agrega: *"Oliverio le armó un traje de sirena que ella vistió con gracia y desparpajo, en tanto los hombres concurrieron a la correspondiente fiesta vestidos de marineros"*.[88]

No cabe duda de que detrás de esto estaba el humor de Oliverio y de Norah, tan afectos a las celebraciones que compartían con la picardía de Pablo Neruda y las interminables risas de Federico.

Teatro Avenida. En la platea, entre otros, se encontraban Sara Tornú de Rojas Paz, Samuel Eichelbaum, Antonio Cunill Cabanellas, Ricardo Molinari, Norah Lange, Luisa Vehil, Amparo Mom, Jorge Larco y Amado Villar.

Oliverio Girondo

Nacido en Buenos Aires en 1891, su familia paterna era vasca, de Mondragón, y por parte de su madre, Uriburu Arenales, pertenecía al viejo linaje patricio del país. De pequeño fue llevado por sus padres a Europa. Oliverio estudió en Londres y luego pasó a Arcueil, de donde según cuenta Ramón Gómez de la Serna *"... es expulsado porque un día arrojó un tintero a la cabeza del profesor de geografía porque habló en su lección de los antropófagos que existían en Buenos Aires, capital del Brasil"*.[89]

Tras recorrer casi todos los países europeos en diversos viajes retornó a Buenos Aires y aquí se graduó de abogado, actividad que fue desplazada por sus fuertes inquietudes poéticas, intelectuales, artísticas y literarias. También ensayó el periodismo, y cultivó el arte de la conversación, a la que le imprimió el sello inconfundible de un *humor a lo Oliverio.*

Su duradera amistad con Ramón Gómez de la Serna, nacida en España, se prolongó en el largo exilio del creador de las greguerías en la Argentina. Una amistad que quedó sellada cuando Ramón publicó una nota encomiástica a propósito del libro de Oliverio *Veinte poemas para ser leídos en el tranvía.*

En los años veinte, ya instalado definitivamente en la Argentina, Oliverio se vinculó con las nuevas tendencias literarias que representaban revistas como *Prisma, Proa* e *Inicial.* En 1924 participó activamente en la salida de la revista *Martín Fierro,* editada hasta 1927. Girondo redactó el manifiesto que inauguraba el primer número, cuyo objetivo era sacudir, movilizar la pasividad y superar la medianía intelectual y artística de los ámbitos y círculos literarios de entonces y comenzaba diciendo: *"Frente a la impermeabilidad hipopotámica del honorable público..."*[90]

En el capítulo de sus *Retratos contemporáneos escogidos* que dedicó a Oliverio, Ramón Gómez de la Serna anotó que cuando hizo su primer viaje a Buenos Aires, en 1931, recorrió con él la ciudad y se dio cuenta de sus misterios, *"...comprendiendo como Oliverio me había anticipado en España, como legítimo cabecilla literario, la verdad argentina, dándonos a los españoles la sensación de un país paralelo a la España nueva, en idéntica lucha por las nuevas formas y los nuevos ritmos".*[91]

En 1932 apareció *Espantapájaros,* el tercer libro de poesías de Oliverio Girondo. Para cumplir una apuesta con unos amigos lo presentó con toda la pompa publicitaria. *"Alquiló a una funeraria* —cuenta Aldo Pellegrini— *la carroza portadora de coronas, tirada por seis caballos y llevando cocheros y lacayo con librea. La carroza transportaba, en lugar de las habituales coronas de flores, un enorme espantapájaros con chistera, monóculo y pipa".*[92]

El mismo Aldo Pellegrini, poeta e historiador del surrealismo en la Argentina, señaló que Oliverio había trabado amistad con García Lorca y con Salvador Dalí en España.[93] De modo que en aquella primera velada en el departamento de los Rojas Paz, Oliverio fue el único de los presentes que ya conocía personalmente a Federico, quien sin duda rivalizaría en gestos de humor surrealista con el autor de *Espantapájaros*. En aquella ocasión, según nos cuenta María Esther de Miguel en su biografía de Norah Lange: *"...a Federico se le ocurrió salir a pasear por la ciudad: un taxi vacío iba detrás de la patota. Vacío. Había sido idea de Federico; cuando le preguntaron por qué, contestó: 'Es de respeto'. Fueron a parar al restaurante El pescadito de La Boca. De esa fiesta quedan retratos, en uno de los cuales se encuentra Neruda entre Norah y "la Rubia" Rojas Paz. Federico, después de varios meses, regresó a España. Dicen que dijo: 'No quiero partir. Yo voy a morir. Me siento muy extraño. ¿Presagiaba su destino? Pareciera que sí. García Lorca se va, pero Pablo Neruda se queda en Buenos Aires hasta marzo de 1934. Sigue, por cierto, la amistad con Norah y Oliverio, las fiestas, las juergas"*.[94]

Fiesta en casa del matrimonio Girondo-Lange, Buenos Aires, febrero de 1934. En el centro, vestido de capitán, Oliverio Girondo; vestida de sirena, Norah Lange y en primera fila, el tercero por la izquierda, Pablo Neruda.

[89] Ibídem, página 18.
[90] Ibídem, página 148.
[91] Ramón Gómez de la Serna, *Retratos contemporáneos escogidos*, Editorial Sudamericana, Buenos Aires, 1968, página 191.
[92] Pedro Orgambide y Roberto Jalsin, *Enciclopedia de la literatura argentina*, Editorial Sudamericana, Buenos Aires, 1970, página 272.
[93] Ramón Gómez de la Serna, op. cit., página 201.
[94] Aldo Pellegrini, *Oliverio Girondo*, Ediciones Culturales Argentinas, Buenos Aires, 1964, página 15.

Raúl González Tuñón

El autor de *La calle del agujero en la media* nació en el barrio porteño de Once, con la poesía puesta, el 29 de marzo de 1905. Poesía y tango se conjugaron en su vida. Transitó de arriba a abajo aquel barrio cantado por tantos poetas y llegó a convertirse en un conocedor minucioso de la ciudad: a los diecisiete años, en 1922, comenzó a trabajar como periodista en la revista *Caras y Caretas,* y en 1925 estaba en el diario *Crítica.* Su director y propietario, Natalio Botana, hombre astuto y observador, dijo de él: *"Es un pajarito, hay que tenerlo afuera."*[95]

En 1923 publicó sus primeros poemas en la revista *Inicial,* y luego lo hizo en *Proa* y *Martín Fierro.* Su primer libro de poemas, *El violín del diablo,* es seguido en 1930 por *Miércoles de ceniza,* que obtiene el Premio Municipal de Poesía, y después de su primer viaje a Europa *La calle del agujero en la media.*

Raúl González Tuñón fue uno de los siete que participaron en el primer agasajo que se le ofreció a García Lorca apenas llegó a Buenos Aires. Para ese entonces tenía veintiocho años y ya había transitado "la misteriosa Buenos Aires" y sus cien barrios porteños. Amigo de Carlos de la Púa, de Nalé Roxlo, Nicolás Olivari, Oliverio Girondo, César Tiempo, "Pucho" Guibourg y de casi toda la "farándula noctambulera", recogió en ese mundo el rico anecdotario de la presencia de Federico en Buenos Aires y muchas veces lo evocó en reuniones de amigos.

El poeta Horacio Salas consigna en su libro *Conversaciones con Raúl González Tuñón* muchas de esas anécdotas. A su pregunta sobre cómo era Federico en el trato diario con sus amigos, Raúl responde: *"Prevalecía en él el poeta que pudo decir con Fucik 'Vivir por la alegría' ".*

Vale la pena citar este recuerdo de González Tuñón, testimonio rico y entrañable como pocos, que sigue así: *"No sé si fue Neruda quien dijo que donde estaba Federico debía haber un taquígrafo. Era un charlista admirable. No olvidaba a la Argentina, y afirmaba que Buenos Aires era la ciudad que lo había consagrado, ya que como sabés, el público porteño le dio una gran acogida a sus obras. Más que el de Madrid. A veces exageraba. Un día dijo, delante de Delia del Carril, Amparo y yo: 'Allá hay de todo. ¿Quiere usted comer a la española, italiana, turca, francesa, lituana, alemana? Pues puede'. Agregando con leve ironía: '¡Hasta hay un cabaret kalmuco!' Porque entonces lo había. Otra vez en Correos o en la casa de Pablo, la casa llamada de las flores, donde solíamos ir a terminar la noche y a la cual como recodarás evoca Neruda en un poema: 'Raúl, ¿te acuerdas? ¿Te acuerdas Rafael? Federico, ¿te acuerdas debajo de la tierra?' Esa vez, digo, esbozó una desopilante teoría sobre nuestro*

Homenaje a Federico García Lorca en Buenos Aires, 1934. De izquierda a derecha, sentados: tres personajes sin identificar, Manuel Fontanals, Norah Lange, García Lorca, Sara Tornú y Pablo Neruda. De pie: Raúl González Tuñón, José González Carbalho, una persona sin identificar, Antonio Cunill Cabanellas, Ricardo Molinari, Jorge Larco, una mujer sin identificar, Edmundo Guibourg y otras dos personas más.

país. A él le había llamado la atención la manera como se acentúa entre nosotros el insulto máximo, con el consiguiente 'que te recontra'. Y resulta que un día murió un utilero del teatro de Lola Membrives y lo llevaron al velorio. Un tipo se acercó al féretro y luego de contemplar al muerto gritó: '¡La gran puta! ¡No te dio tiempo para afeitarte!' Esto debió impresionar a Federico. Porque en España se blasfema, ¡y cómo! Pero como bien se ha dicho, no se tutea a la muerte. Recordá los versos de Antonio Machado: 'Un golpe de ataúd en tierra es algo perfectamente serio'. Y bien, el día anterior, yendo en automóvil con un amigo, detenido el tráfico en la Crucecita,[96] oyó el diálogo entre dos camioneros que casi habían chocado, la interminable retahíla de recontras con todas las variaciones posibles. Y de allí dedujo Federico su loca teoría: 'La Argentina, ¡qué país! Un río que es como un mar, una cordillera fantástica, interminable, la inmensa pampa, la fabulosa Patagonia, las montañas de trigo, las parrilladas, y flotando sobre ese prodigio: ¡La gran puta!'"[97]

El paisaje de Avellaneda, ciudad fabril y pujante que ya entonces era una prolongación de Buenos Aires, llamó la atención de Federico, que la visitó varias veces, se maravilló con su rápido crecimiento, y con su pueblo, mezcla de razas de todas partes.

Avellaneda, creada en 1906, durante la gobernación de Marcelino Ugarte, abarcaba la zona que anteriormente se había llamado Barracas al Sur. En los años treinta llegó a tener 220.000 habitantes, y era gobernada por Alberto Barceló, el hombre que durante casi medio siglo impuso una forma de hacer política basada en los recursos del juego clandestino y la prostitución, acompañados de muertes y delito organizado.

El escritor Alvaro Abós, en un artículo publicado por la revista *Viva* en 1998, reconstruyó un acontecimiento clave que ocurrió pocos días después de la llegada de García Lorca a la Argentina. *"El 22 de octubre de 1933 una multitud marchaba por la avenida Mitre, llevando en andas un féretro cubierto por la bandera nacional"*, escribió Abós. *"Aguardaba al cortejo en el cementerio el intendente Alberto Barceló, que desde 1909 era el hombre más poderoso de la ciudad. ¿Quién era el muerto? ¿Quizás otro dirigente político? Dentro del ataúd de caoba se iba de este mundo Juan Ruggiero, conocido como Ruggierito, el pistolero que manejaba el juego clandestino, la prostitución y la violencia política en la ciudad. Había sido acribillado en la vereda de la casa de su amante, en la calle Dorrego 2049 de Crucecita, desde un auto."*[98]

Es de suponer que García Lorca prestó atención al episodio, del que la prensa dio cuenta, y que recorrió más de una vez la "tremenda Avellaneda", como él mismo la llamó, y la impresión que el lugar causó en él está admirablemente sintetizada en la *Alocución Tercera*, una de las cuatro que leyó por Radio Prieto y a las que me referiré más adelante. En ella dijo: *"¡Qué gritos! ¡Qué nubes! ¿Están ya abiertas las flores moradas del jacarandá? Desde la tremenda Avellaneda, llena de esqueletos, de cuchillos rotos, de camas inservibles, de balcones que dan a la muerte, Avellaneda ansiosa de flores y agua, hasta los maravillosos lagos, los hermosos eucaliptos y el encanto especialísimo de Palermo..."*[99]

Raúl González Tuñón fue uno de los pocos amigos de Buenos Aires que volvió a encontrarse con Federico tras su regreso a España. Acompañado por su esposa, Amparo Mom, viajó a la península en 1935, ya consagrado como poeta, se llenó de vivencias y se fortaleció como militante en la causa de la libertad y los derechos del hombre.

En su libro *La literatura resplandeciente* recuerda así la amistad que los unió: *"Conocimos a García Lorca, el poeta más personal, el escritor más completo de su promoción, en Buenos Aires... Volvimos a encontrarlo en Madrid, en 1935; allí se estableció una estrecha amistad. Yo fui uno de los asiduos parroquianos de la Cervecería de Correos, donde él presidía con su luminoso ingenio una peña de escritores y artistas ciertamente singular... Casi a diario le vimos hasta el día en que organizó para nosotros un banquete memorable de despedida en la calle de la Luna. ¡Federico García! ('¡Qué raro que me llame Federico!', escribió él.) No sospechábamos que estábamos viviendo entonces las vísperas de la gran tragedia española que trajo la gran tragedia mundial. Las vísperas de la muerte del querido amigo".*[100]

---

[95] En *Poesía de Raúl González Tuñón*. Selección y presentación de Héctor Yánover, EUDEBA, Buenos Aires, página 5.

[96] El paraje Crucecita se encuentra a la altura del 1200 de la Avenida Mitre, en Avellaneda, provincia de Buenos Aires. El tranvía partía de Crucecita y llegaba hasta el Zoológico, en el barrio de Palermo, Capital Federal, y era famoso por este recorrido, que actualmente realiza el colectivo 10. (Nota del autor)

[97] Horacio Salas, *Conversaciones con Raúl González Tuñón*, Ediciones La Bastilla, Buenos Aires, 1975, páginas 93 y 94.

[98] Álvaro Abós, "Historias de corrupción. Barracas al Sur, la muerte", en *Viva*, 1998, páginas 44 a 48.

[99] Federico García Lorca, *Alocución tercera*, en *Obras Completas*, Tomo III, op. cit., página 473.

[100] Raúl González Tuñón, *La literatura resplandeciente*, Editorial Boedo-Sibalba, Buenos Aires, 1976, página 127.

*Fiesta de marineros en casa de Oliverio Girondo y Norah Lange. Buenos Aires, 1934.
De izquierda a derecha Pablo Neruda, Amado Villar, Federico García Lorca y Jorge Larco, en cuclillas Raúl González Tuñón.*

*Foto actual de Avellaneda. Camino de los 7 puentes, dominios de Barceló desde 1909 hasta su muerte.
En 1933, Lorca la llamó "tremenda Avellaneda".*

Alfonsina Storni

En la década de los treinta Buenos Aires tuvo un gran movimiento peñístico. Poetas, escritores, músicos, pintores, periodistas y toda la variada fauna noctámbula eran asiduos concurrentes a las peñas.

En el hotel Castelar, donde se alojaba Federico y que era regenteado por los hermanos Pérez, también propietarios de Radio Sténtor, funcionaba la peña Signo. Junto con La Peña del café Tortoni, fue una de las más conocidas y prestigiosas de aquel período. Su animador era Isidro J. Ódena, primo de los hermanos Pérez y gerente artístico de la radio.

La Argentina sufría ya los efectos de la gran crisis mundial de 1929 y las peñas eran una suerte de oasis al que acudía la gente del mundillo cultural porteño en busca de paz, diversión y confraternidad.

Un habitué de la peña, el poeta Conrado Nalé Roxlo, describió en su libro *Genio y figura de Alfonsina Storni* el ambiente del lugar y la participación de la poetisa en sus veladas. Recuerda Nalé Roxlo que *"... por los años treinta y dos y siguiente, la vemos noche tras noche en las reuniones de Signo, que tiene su sede en el Grill del Hotel Castelar. Es un local amplio, confortable, elegante. Se toma menos café que en La Peña (del café Tortoni) y más whisky y, con frecuencia, se baila hasta el amanecer. No es raro ver caballeros de frac y damas vestidas de fiesta que van a terminar la noche comenzada en el Colón y que alternan con bohemios sin corbata –no usar corbata entonces era toda una definición– como el poeta español Pedro Herreros, que cultivaba una pintoresca y original poesía prostibularia. Todo nuestro mundo artístico y literario pasó por Signo y gentes que venían de otros medios, atraídos por su atmósfera alegre y cordial."*[101]

En Signo se dieron conferencias memorables, como la de Ramón Gómez de la Serna acerca del romanticismo, en la que tuvo en vilo al público durante dos horas y media. Su fundador, el doctor Isidro J. Ódena, hizo desde el local de Signo las primeras transmisiones de Radio Sténtor. Alfonsina se sentía en aquel ambiente como la mariposa en el jardín. Cambiaba frecuentemente de mesa, charlaba, bailaba, y muchas noches, cuando el círculo se reducía, cantaba tangos junto al piano que tocaba Ruiz Díaz. Sus interpretaciones de *Mano a mano* y *Yira yira* eran notables por la pizca de humor que les prestaba sin quitarles carácter. También solía hacer imitaciones de Berta Singerman, que la recitadora, su gran amiga, celebraba. Otras noches jugaba al truco con los pintores Emilio Centurión, Enrique de Larrañaga y el poeta Raúl Rubianes, con quien mantenía una cordial amistad. Una noche el escritor italiano Massimo Bontempelli le preguntó:

En esta foto, tomada por Horacio Quiroga en la casa que alquilaba en Vicente López, aparecen, entre otros intelectuales de la época, Alfonsina, las hijas de Gerchunoff, Norah Lange, Amparo Mom, E. Quiroga, Glusberg y Emilia Bertolé.

"¿Y usted qué hace señorita?" Alfonsina, molesta por el desconocimiento del huésped, le respondió: *"Dirijo el tráfico en la Vía Láctea".* Era una de sus desconcertantes salidas habituales.

Allí, siempre según el testimonio de Nalé Roxlo, conoció a García Lorca, quien desde que llegó se hizo habitué de Signo. *"Simpatizaron profundamente y de esa amistad nació el retrato del poeta que tiene, entre otros, el mérito de haber sido escrito antes de que su trágica muerte lo convirtiera en un lugar común de retórica literaria".*[102]

En cuanto a La Peña, que funcionaba en el café Tortoni y fue el primer café-teatro que hubo en Buenos Aires, había sido inaugurada, según el acta de fundación, el 12 de mayo de 1926, por iniciativa entre otros del pintor Benito Quinquela Martín, el crítico musical Gastón O. Talamón y el crítico teatral Arturo Romay. Del rico y variado anecdotario de La Peña, el periodista Eduardo Castilla recuerda el siguiente hecho, que el poeta Antonio Requeni registró en su obra *Cronicón de las peñas de Buenos Aires: "Las discusiones sabían subir demasiado de tono hasta excederse, con lo que podía peligrar el prestigio de La Peña, cuyos custodios eran los hombres más ponderados: Germán de Elizalde o Benito Quinquela Martín, verdaderos arcángeles de la paz. En los momentos en que el tono de las disputas amenazaba alcanzar la barrera del sonido, cualquiera de los dos hacía una disimulada seña a Alfonsina Storni. La poetisa, con la mayor discreción, tal como si ésa fuera su voluntad, subía al tablado y se preparaba para decir los versos*

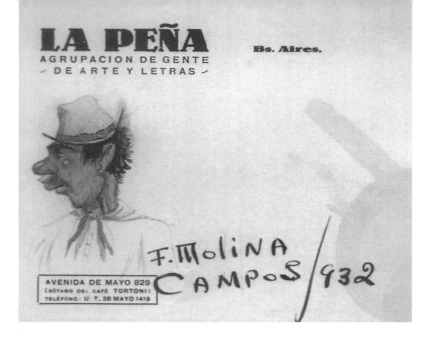

La Peña, agrupación de gente de arte y letras; funcionaba en el Café Tortoni desde 1926.

de algún poema. Al ver surgir su figura querida y respetada la paz se hacía en Varsovia".[103]

Tanto Federico García Lorca como Pablo Neruda se cruzaron en innumerables oportunidades con Alfonsina Storni en La Peña y en Signo. Como producto de esos encuentros maduró en Alfonsina el poema *Retrato de Federico García Lorca*, que incluyó en su libro de 1934, *Mundo de siete pozos*, dedicado a su hijo Alejandro.[104]

Otro testimonio de las ocasiones en que Federico y Alfonsina estuvieron juntos lo registró Juan Reforzo, hijo de la actriz Lola Membrives. *"Vivíamos nosotros entonces en Rodríguez Peña al 375. La casa estuvo siempre abierta para los versos recién ocurridos, las tertulias o el descanso del poeta. Allí le acompañaron muchas veces Jorge Larco, Alfonsina Storni, Victoria Ocampo... tan entusiastas en los ensayos"*, recuerda. [105]

No sólo la personalidad de Alfonsina, sino también su poesía, han de haber impresionado profundamente a Federico, de lo cual es una muestra incontrastable y afectuosa la esquela que le envió a Enrique Amorín estando en Montevideo, en la que imita con la gracia y el humor que lo caracterizaban el estilo de la poeta:

"A Enrique Amorín
(Montevideo, entre 30 de enero y 14 de febrero de 1934)

¡Oh canalla!
¡Oh pérfido!
¿Te has escondido
y has hecho un nido
con tu deseo?
(Copia a la manera de la Storni)
El caso es que eres un canalla.
Te espero a las diez y media en punto en la Legación
Allí estaré, canalla
Saludos a Esther (Haedo de Amorín)

Federico El Bebo... che."[106]

[101] Conrado Nalé Roxlo, *Genio y figura de Alfonsina Storni*, EUDEBA, Buenos Aires, 1964.
[102] Ibídem.
[103] Antonio Requeni, *Cronicón de las peñas de Buenos Aires*, Fundación Banco de Boston, Buenos Aires, 1985, segunda edición.
[104] *Poesía de Alfonsina Storni*. Prólogo y selección de Alejandro Storni, EUDEBA, Buenos Aires, 1961.
[105] Pedro Villarejo, *García Lorca en Buenos Aires. Una resurrección anterior a la muerte*, Libros de Hispanoamérica, Buenos Aires, 1986.
[106] En: Hortensia Campanella, *Profeta de toda tierra: Federico García Lorca en Uruguay*, Editorial Ínsula, Madrid, 1978, página 10.

Victoria Ocampo

Pertenecía a una de las familias más tradicionales y acaudaladas de la Argentina y había nacido en Buenos Aires en 1890. Como era de rigor en su clase aprendió el francés antes que el español. Su temprana vocación por las artes y la cultura y su arraigo en el país la llevaron a convertirse en una figura central de la cultura argentina. Dos de sus iniciativas personales, en torno de las cuales supo reunir un nutrido grupo de calificados colaboradores, transformaron por completo el panorama cultural local: la revista *Sur*, que fundó en 1931, y la editorial del mismo nombre que siguió a la revista.

En sus memorias, reunidas bajo el título *Testimonios*, recordó así el episodio de la fundación de aquella publicación: *"Mi viaje a los Estados Unidos y mis conversaciones con Waldo Frank resultaron positivos. Cuando volví a Buenos Aires fue para organizar o crear las condiciones que hicieran viable lo que se llamaría* Sur*"*.[107] En una época en que las mujeres no solían tomar parte activa en la conducción de la cultura, el apoyo del intelectual norteamericano fue decisivo: *"El entusiasmo de Frank por lo nuestro no era corriente en escritores extranjeros que apenas miraban lo que ya estaba brotando en la rama"*, evocó Victoria Ocampo en sus memorias. *"En Frank al entusiasmo se agregaba una especie de frenesí de fraternidad, de trato al mismo nivel. Quería, soñaba con una América indivisa"*.[108]

En la revista *Sur*, y bajo la dirección de Victoria Ocampo, participaron desde su fundación Jorge Luis Borges, Pedro Henríquez Ureña, Francisco Romero, Norah Borges, Eduardo Mallea, María Rosa Oliver, Ramón Gómez de la Serna, Oliverio Girondo y Guillermo de Torre, entre otros. La editorial se creó en 1933 y

Romancero Gitano, *edición de* Sur, *1933.*

sus primeros títulos fueron las novelas *Contrapunto,* de Aldous Huxley y *Canguro,* de David H. Lawrence.

El primer encuentro entre Federico y Victoria Ocampo se realizó en Madrid. Así lo registró José Luis Cano en su biografía, en la que señala que en 1931 la febril actividad de García Lorca es un incesante ir y venir de resultas del cual no hay círculo, teatro, café y espacio cultural de la ciudad que no conociera: *"… y en casa de Carlos Morla, a la que acude casi diariamente, conoce a multitud de personas: diplomáticos, artistas, toreros, filósofos, poetas… Allí encuentra a María de Maeztu, a Victoria Ocampo, a Gabriela Mistral, al poeta chileno Vicente Huidobro y tantos otros…"*[109]

En su último libro, Ian Gibson, el biógrafo más minucioso del poeta, se refiere al reencuentro de ambos en Buenos Aires. *"Por estos días* –relata Gibson– *Lorca vuelve a ver a Victoria Ocampo, a quien ha conocido en Madrid en 1931. Bella, rica y francófila, la escritora dirige la revista literaria* Sur, *tal vez la más prestigiosa de América. Al constatar que no se encuentra en las librerías bonaerenses un solo título del poeta, Ocampo se ofrece a sacar una edición argentina del* Romancero gitano. *Lorca está de acuerdo, el libro saldrá hacia finales de año y se agotará enseguida"*.[110]

En dos cartas sucesivas enviadas desde Buenos Aires, Federico cuenta a su familia acerca de estas ediciones y sus características. En la primera, de principios de enero de 1934, dice: *"Se me olvidó de deciros que han hecho una admirable edición del* Romancero gitano, *de tono popular, con una preciosa foto mía, y que ayer salió otra edición de lujo, que es una maravilla. Nunca he tenido yo una edición más espléndida"*.[111]

En la segunda carta, del 13 de enero de 1934, vuelve sobre el tema: *"No sé si os dije que se ha publicado una edición popular del* Romancero *que es una preciosidad, y que también se ha hecho una de lujo que es lo más lindo que darse puede"*.[112]

Años más tarde, en un artículo que escribió acerca de la historia de la revista *Sur*, Victoria Ocampo evocó el éxito obtenido con el *Romancero*: *"El libro de Federico García Lorca que hemos hecho imprimir en Buenos Aires,* Romancero gitano, *nos ha dado un margen de ganancia suficiente para pagar los gastos de imprenta. No pedimos más"*.[113]

También María Rosa Oliver, a quien me referiré más adelante, recordó en su libro de memorias *La vida cotidiana* una ocasión en la que Federico fue huésped de Victoria Ocampo: *"Muy distinto del ambiente del banquete en el Plaza, un tanto formal, fue el almuerzo en que Victoria reunió en torno a una mesa, en el centro de la cual había un cacto plantado en una maceta azul de China, a Waldo Frank, Álvarez del Vizo, Federico García Lorca y tres o cuatro amigos más. Se habló de la flamante República Española; de los valores culturales y artísticos que estaban floreciendo en aquel clima propicio; de las leyes que empezaban a aplicarse, pero sin pasar por alto el hecho de que el nazismo, en aumento y expansión, amenazaba a ése y a todo florecer, a ésas y a cualesquiera otras medidas de progreso. En torno de la mesa redonda no hubo una sola voz en disidencia, pero quizás algún ausente había considerado necesario mandar también ahí a la policía".*[114]

Lo cierto es que durante su permanencia en Buenos Aires Lorca sorprendió a muchos; a unos por su personalidad inquieta, por su expresividad llevada al delirio, a otros por su alegría contagiosa, por su carácter comunicativo y por ser un conversador inagotable. Pero a propósito del vínculo que lo unió a Victoria Ocampo, es interesante recordar aquí la opinión de Edmundo "Pucho" Guibourg, registrada en la ya citada entrevista que le hicieron los investigadores norteamericanos John K. Walsh y B. Russell Thompson. *"¿Cuál era la relación entre Victoria Ocampo y Lorca?"*, se pregunta Guibourg. Y responde: *"Victoria Ocampo era muy diferente, muy comprensiva. Siempre lo estimó mucho a Lorca. Lo que pasa es que Victoria Ocampo estaba muy influida por Borges. Borges era dominante en sus apreciaciones. Entonces lo consideraba –cómo lo diría–, chabacano, lo consideraba un poeta popularizado, un poeta como nuestros poetas Cátulo Castillo u Homero Manzi, los poetas del pueblo... lo consideraba un poeta de Granada. No sé lo que pensará Borges. Estoy seguro de que Borges piensa mejor de Rafael Alberti que de García Lorca, y a mi juicio Alberti no le llega a los talones, no tiene ninguna posibilidad de acercarse al valor de García Lorca. Lorca es universal. Lo representan en Alemania, en Rusia: No hace mucho tiempo, la Compañía Argentina del Teatro San Martín llevó* La casa de Bernarda Alba *a Moscú".*[115] La opinión de Jorge Luis Borges acerca de García Lorca, más que lapidaria, es bien conocida; la repitió en varias entrevistas. *"Era un andaluz profesional"*, decía cada vez que se lo mencionaban.

En 1937, sólo un año después del asesinato de Federico, Victoria Ocampo publicó en *Sur* una carta que por su emotivo contenido vale la pena transcribir aquí.

"Carta a Federico García Lorca

(Después del estreno de *Doña Rosita la soltera* en Buenos Aires)

'Verde que te quiero verde.

Verde viento, verdes ramas.'

Estos fueron los primeros versos que te oí recitar, Federico, en Madrid, hace siete años. Los versos de tu *Romance sonámbulo*. Esa noche te veía por primera vez y pensaba: *"¡Cuánta vida!"* Porque en ti todo era abundancia de vida, riqueza de vida, alegría siempre renovada de vivir.

Esta noche, al ver tu pieza, era a ti a quien volvía a ver; la voz de los actores me traía la tuya. La tuya repitiendo esos

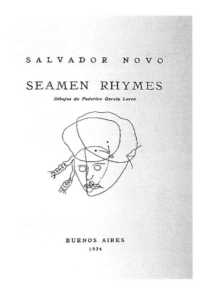

Salvador Novo, Seamen Rhymes; Cabeza desdoblada de marinero, *viñeta de Portada de libro que reproduce dibujos de FGL, 1934.*

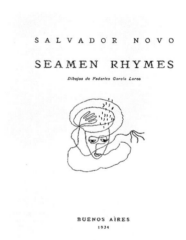

Salvador Novo, Seamen Rhymes, Cabeza de marinero, *viñeta de cubierta de otro ejemplar de la colección de la Fundación FGL que reproduce dibujos del poeta.*

versos que yo te obligué a repetir aquella otra noche en que me encontré contigo por primera vez; esos versos de tu *Romance sonámbulo*.

> '*¿No ves la herida que tengo*
> *desde el pecho a la garganta?*
> *(...)*
> *Trescientas rosas morenas*
> *lleva tu pechera blanca.*'

Cuando oigo tus versos, cuando en esa pieza que acabo de escuchar sopla el viento de tu brizna y de tu frescura, viento de primavera que se lleva jardines enteros, ¡cómo te siento de vivo! Vivo de esa vida tuya de niño contento en la tierra como en una juguetería. Y entonces no puedo creer que...

> '*Trescientas rosas morenas*
> *lleva tu pechera blanca.*'

Parecías tan poco hecho para esa clase de rosas, Federico. Tan poco hecho para lo que las derramó atrozmente.

Las trescientas rosas, ibas tú a dárnoslas a tu manera. Pero te las han arrancado estúpidamente, bárbaramente del corazón, impidiendo así que florecieran.

Quería escribir algo sobre tu pieza. No puedo. Surges ante ella y me la ocultas. Me dices:

> '*¿No ves la herida que tengo*
> *desde el pecho a la garganta?*
> *(...)*
> *Trescientas rosas morenas*
> *lleva tu pechera blanca.*'

Me lo dice tu voz de Madrid de hace siete años. Y yo, Federico García Lorca, te contesto:

Estás en el canto de la tierra y no en el silencio de la tierra.

Todos nos damos la mano, como cuando jugábamos de chicos a la ronda.

Todos nos damos las manos y unos pasan antes y otros después.

Federico García Lorca, ¿me oyes?

Seguimos de la mano; así es el juego.

Ríes con una risa que suena a la infancia.

Esa infancia tuya que era como el calor de tu alegría.

Ríes en el silencio de la tierra porque estás en el canto de la tierra.

> '*Trescientas rosas morenas*'

no han logrado ahogar tu risa de niño y seguimos de la mano. Así es el juego.

¿Me oyes, Federico García Lorca?[116]

---

[107] Victoria Ocampo, *Testimonios. Décima serie (1975-1977)*, Editorial Sur, Buenos Aires, 1977, página 92.
[108] Op. cit., página 93.
[109] José Luis Cano, *García Lorca*, Editorial Salvat, Barcelona, 1985, páginas 125/6.
[110] Ian Gibson, *Vida, pasión y muerte de Federico García Lorca, 1898-1936*, Plaza & Janés, Barcelona, 1998, página 437.
[111] Federico García Lorca, *Lettere americane*, a cura di Gabriele Morelli, con testo a fronte, Marsilio, Venezia, 1944, página 278.
[112] Op. cit., página 282.
[113] Victoria Ocampo, "Vida de la revista *Sur*. 35 años de una labor", en *Sur*, nº 303-304 y 305, noviembre de 1966 y abril de 1967, página 14.
[114] María Rosa Oliver, *La vida cotidiana*, Editorial Sudamericana, Buenos Aires, 1969, página 314.
[115] John K. Walsh y B. Russell Thompson, Op. cit., página 229.
[116] En: *Victoria Ocampo, 1890-1979. Homenaje*, Sur, Nº 346, Buenos Aires, enero-junio, 1980, página 142.

César Tiempo

Su nombre verdadero era Israel Zeitlin. Había nacido en Ucrania el 3 de marzo de 1906, y aún no tenía un año cuando llegó a la Argentina con su familia. Su vocación se manifestó tempranamente: a los dieciséis años, todavía alumno del Colegio Nacional Bernardino Rivadavia, estrenó en el teatro Liceo, con un grupo de aficionados, la obra *El diablo se divierte*.

Con el correr de los años llegaría a ser dramaturgo, poeta y ensayista, pero por sobre todo fue un periodista de esa estirpe de la que quedan pocos.

Su primer libro, *Versos de una...*, firmado con el seudónimo Clara Beter, una supuesta prostituta, despertó en su momento sorpresa (cuando se supo quién era el verdadero autor), admiración, furia, y escándalo por su osadía. *"Israel Zeitlin adopta entonces el nombre literario de César Tiempo"*, cuenta la poeta Manuela Fingueret.[117] Y agrega: *"... esta mutación no es más que una ofrenda a su amado y querido compatriota, porteño goy: su interlocutor predilecto. César Tiempo no les escribe sólo a los judíos desde una memoria ancestral sino desde una realidad cotidiana para que ese espíritu sea comprendido por el habitante no judío de su querida Buenos Aires"*.[118]

En 1930 César Tiempo recibió el Premio Municipal de Poesía por *Libro para la pausa del sábado*. Luego publica *Sabation argentino*, del que regalaría un ejemplar a Federico una semana después de que éste llegara a Buenos Aires. Como poeta e inmigrante hijo de inmigrantes, César Tiempo asumió en la palabra la expresión liberadora de un grupo social que pugnaba por emerger y ocupar un lugar en el país que había elegido para reconstruirse. Así, señala Manuela Fingueret, *"los ambientes y personajes del judío porteño de los años '30 surgen desde la perspectiva de los abandonados, los soñadores, las muchachas de barrio en edad de merecer, los desposeídos"*.[119]

El fuerte sello personal de su obra hace difícil a los estudiosos la decisión de situarlo entre los escritores de Boedo o de Florida, y si bien su temática y su prosa lo acercarían más al estilo de Boedo, Alberto Pinetta, por ejemplo, opta por calificarlo como uno de aquellos escritores que son, según sus palabras, *"la promesa de la nueva generación"*.[120]

Su primera obra, *El teatro soy yo*, se estrenó en 1933 en el teatro Smart, de la calle Corrientes casi esquina Talcahuano. Federico García Lorca presenció el ensayo general de la obra, cuya puesta en escena fue dirigida por Enrique Guastavino y protagonizada por el entonces ya cotizado actor Mario Soffici (quien posteriormente se destacaría como director cinematográfico), circunstancia en la que César Tiempo le presentó a Carlos Gardel, como ya referí.

Pero además, compartieron muchos otros momentos de la estadía de Federico en Buenos Aires. *"Cierta mañana salimos a caminar con Federico"*, cuenta César Tiempo. *"El sol subía a las aceras como temeroso de ser atropellado por los ómnibus de la Avenida [de Mayo]. Se sentía en el rostro esa caricia sin viento de la primavera porteña. Pasamos por el Teatro Avenida. Estaban clavando un decorado, taraceando una pared de cartón, encolándola. Federico tuvo una frase para cada tramoyista, una palmada en la paletilla y una parva de risas. Luego salimos. En la vereda del demolido bar Español tropezamos con un literato venezolano a quien Lorca había conocido en Madrid."*[121]

En el mismo libro, Manos a la obra, recuerda que vio muchas veces a Federico, aunque no tantas como hubiera deseado, *"... pues siempre tuvo una naturaleza de azogue y si desdeñaba risueñamente 'el asquerosillo buen gusto burgués', sabía eludir como buen nefelibata, todos los compromisos que pivotan sobre la puntualidad, la formalidad y otras tiranías"*.[122]

En 1951, en una entrevista que le hizo Juan Carlos Foix para la entonces muy popular revista Vea y Lea, comentó que Federico había observado que *"... Buenos Aires tiene algo de dramático latido (...) algo inconfundible y original en medio de sus mil razas, algo que atrae y fascina al viajero"*.[123] Y cuenta luego que Federico, invitado por unos amigos a pasear en automóvil, al llegar a una zona en que el paisaje ya no tenía obstáculos para la contemplación comenzó a manifestar a los gritos que lo que veía no era posible. *"La planicie"*, decía después Federico, *"lo que nunca podrás dominar, lo que dominará siempre: ¡es el temor de la extensión, de lo verde ilimitado!"*[124]

Recuerda también que a un argentino que se tropezó con él en Madrid al año siguiente (1934), Federico le dijo absorto: "¡Qué es esto! Pero, ¿cómo tú aquí? ¿Y qué es de aquellos barrios que tenéis allá, qué es de las calles de Boedo y de Flores?"[125]

Pero lo que sin duda resulta conmovedor de aquella entrevista, y es prueba incontrastable del magnetismo que ejerció García Lorca sobre aquellos que lo trataron en Buenos Aires, es el retrato que César Tiempo pintó del granadino: *"Federico era la exuberancia en persona. Sus ojos, su voz, su frente, denunciaban una inteligencia en constante ignición, sus risas, sus palmadas, su modo de tomarlo a uno del brazo y echar a andar a lo largo de la calle o alrededor de una mesa, decían de su cordialidad de muchacho. Tenía un sentido dionisíaco de la amistad y si para alguien se inventó la palabra filadelfo (de philos: amor, y adelfos: hermanos) fue para él. Era el filadelfo perfecto. A la media hora de conocernos sabíamos tanto de nuestras respectivas existencias, él de la mía y yo de la suya, como si nos hubiéramos tratado toda la vida. Y nos tuteábamos"*.[126]

César Tiempo y Ricardo Llanes.

[117] Manuela Fingueret, "El poeta de la judería porteña", en Clarín, Cultura y Nación, Buenos Aires, 25 de octubre de 1990, página 2.
[118] Op. cit., página 2.
[119] Ibídem.
[120] Alberto Pinetta, "La promesa de la nueva generación literaria", en Síntesis, año III, nº 29, Buenos Aires, 1929.
[121] César Tiempo, Manos a la obra, Ediciones Corregidor, Buenos Aires, 1980, página 315.
[122] Op. cit., página 315.
[123] Juan Carlos Foix, "¿Y qué es de aquel río oscuro y de aquellos barrios porteños?, preguntaba a sus amigos argentinos Federico García Lorca", en: Vea y Lea, año VI, nº 11, Buenos Aires, 21 de junio de 1951.
[124] Op. cit.
[125] Ibídem.
[126] Ibídem.

Enrique Amorín

Si bien nació en Salto, Uruguay, es considerado, como Horacio Quiroga, escritor rioplatense, entre otras razones porque desde joven frecuentó las publicaciones y las tertulias del grupo de Florida.

Su mundo narrativo abarca la zona de la Argentina y Uruguay que el río de este nombre une y separa. Su obra literaria se inscribe en el desarrollo de temas rurales, y en algunos de sus libros se advierte una fuerte tendencia social. En 1925 publicó la novela *Tangarupá*, y en 1932 *La carreta*. Era muy conocido en Buenos Aires y casi todos sus libros fueron editados aquí. *"Sus bienes de fortuna le facilitaron su vinculación con escritores y artistas adscriptos a todo tipo de arte académico y refinado, en tanto que sus decisiones ideológicas lo acercaban al ideal de un arte populista. Tironeado entre una y otra esfera de adscripciones, su relación alternativa con los escritores de Boedo y de Florida parece una clara cifra del sinuoso realismo de sus primeras narraciones".*[127]

En Buenos Aires participó a menudo de la peña Signo y fue amigo de Oliverio Girondo, de Raúl González Tuñón, de César Tiempo y, conocedor de la noche porteña, se vinculó rápidamente con Lorca, se hicieron amigos, y se convirtió casi en su confidente, como afirmó el propio Federico.

Amigo de ambos, Edmundo Guibourg recuerda que *"... entre las muchas cosas infantiles que le encantaban [a Federico] era enfundarse en una camiseta de marinero, conflagrada de azules, que le había regalado Enrique Amorín, el novelista estupendo de* El paisano Aguijar, *y con la que iba a despertar a gritos a las palomas de la Plaza de Mayo".*[128]

El 30 de enero de 1934, no bien llegó a Montevideo proveniente de Buenos Aires, Federico se alojó en el Hotel Internacional de Carrasco, y pese al cerco protector que no permitía acercarse a él con facilidad, logró encontrarse con Amorín.

Según la reconstrucción de Ian Gibson, *"el primer día de su llegada al Hotel Carrasco, Lorca había comido con Amorín y el poeta Alfredo Mario Ferreiro, excelente periodista literario. Después, Amorín los había llevado en su potente coche a través de la ciudad, con rumbo a la célebre playa Atlántida. Mario Ferreiro recogería en un artículo las reacciones del poeta ante el paisaje, sus comentarios literarios y sus exageraciones –¿dijo realmente Lorca que La Barraca había actuado en el Toboso, en honor de Dulcinea?–, y, sobre todo, su horror a la muerte."*[129]

Mario Ferreiro resultó un inteligente observador del granadino, a quien no le perdió pisada, y dejó constancia escrita de ese breve tiempo de viaje en coche compartido con Enrique y Federico. *"Dos horas duró aquello* –escribe Mario Ferreiro–. *Dos horas que se encerraron en poquitos minutos. El mar fue cambiando los colores; era la noche y no atinábamos a nada. Si hay un recuerdo perdurable en nosotros –que lo diga Amorín–, será este 30 de enero a las 19 horas en la playa Atlántida."* Y agrega Gibson: *"Durante el trayecto de vuelta, Lorca recita sin parar versos de Juan Ramón Jiménez y de Antonio Machado. Son ya las diez de la noche. 'Desde las 12 –apunta el periodista– andábamos con el gitano'"*.[130]

La amistad entre Federico y Enrique, iniciada en Buenos Aires, se fortalece día a día. Tanto es así que se lo ve en la mayoría de las fotos tomadas en el Teatro Avenida, junto a González Carbalho, Pablo Neruda, Norah Lange, Pablo Rojas Paz, Juan Reforzo y Lola Membrives.

Enrique Amorín, ("mi confidente" llegó a decirle Lorca en algún momento), hombre de fortuna y de buena familia a la vez, dotado, generoso, que había conocido el mundo en sus viajes y gozaba de una lograda reputación internacional como novelista y cuentista, logró vulnerar el cerco que la Membrives y cierta sociedad montevideana le habían puesto a Federico y que obstaculizaba el acceso a sus otros amigos del Uruguay.

Pero si hay algo peculiar en la amistad de estos dos hombres es que se prolongó después del retorno de Lorca a España. El propio Enrique, en su libro de memorias inéditos anota algunos recuerdos referidos a su vínculo con Federico:

Enrique Amorín y Federico García Lorca. Montevideo, Uruguay, febrero de 1934.

"Personalmente me he resistido a escribir sobre Federico, porque no sabría por dónde empezar. Si digo que escribió a mi lado Yerma, *y que en Carrasco, en un hotel del balneario, me leyó escenas que no aparecen en la obra, y que fue allí donde resolvió asombrar con sus conferencias ejemplares a un público que lo estaba esperando..., tal vez diga mucho, pero también muy poco, de la intimidad del creador. Bastaría citar dos o tres peripecias lorquianas en Montevideo; contar sus violentas discusiones con Lola Membrives; señalar la poca fe que tenía la actriz cuando estrenó en un teatrito de la calle Esmeralda* Bodas de sangre, *para verse obligada, una semana después, a volcar ese contenido público en el inmenso Teatro Avenida"*.[131]

Amorín sigue su rica enumeración, que habla bien a las claras de cuán intensa fue la amistad que lo ligó al poeta granadino:

Enrique Amorín, Federico García Lorca, Juan José Amorín y Alberto Mondino. Uruguay, enero o febrero de 1934.

"Contar anécdotas; documentar sus palabras: bucear las críticas sociales a lo largo de sus obras; y su desprecio por cierta gente, condensado en aquella frase: 'el asquerosillo buen gusto de las llamadas clases distinguidas' (...) En plena calle de Madrid, ante una temprana pregunta mía en vísperas de estallar la guerra civil, Federico me gritó indignado, como si (mi) curiosidad lo hubiera ofendido: 'Con Azaña, qué duda cabe... con Azaña'. Siguiéndome los pasos iba alguno de los que dispararon contra él".[132]

Muchos años después, los profesores Walsh y Russell Thompson, en la entrevista a Edmundo Guibourg que ya he citado, comentan lo siguiente: "Además debe mencionarse que recientemente nuestro colega el profesor Anthony Geist ha encontrado una película, o un trozo cinematográfico de unos treinta segundos, de Lorca en compañía de sus amigos en la playa de Montevideo".[133]

La afición de Enrique Amorín por registrar ese tipo de "recuerdos cinematográficos" de sus amigos escritores era bien conocida, de modo que es probable que haya sido él quien filmó aquella secuencia.

[127] Varios autores, *Historia de la literatura argentina*, Tomo 2, CEAL, Buenos Aires, 1968, página 980.
[128] Walsh y Russell Thompson, op. cit.
[129] Ian Gibson, *Federico García Lorca...*, op. cit., página 295.
[130] Ibídem, página 296.
[131] Enrique Amorín, "Federico en Montevideo, Buenos Aires y Madrid", fragmento inédito del libro de memorias de Amorín, titulado por orden alfabético, en: Pablo Rocca, *Ecos del verano de 1934. Federico García Lorca en Montevideo*, Brecha, Montevideo, 13 de enero de 1995, página 17. El material le fue cedido a Pablo Rocca por Esther Haedo de Amorín.
[132] Op. cit.
[133] Walsh y Russell Thompson, op. cit.

Juana de Ibarbourou

Cuando en 1919 se publica en Buenos Aires el poemario *Las lenguas de diamante* de Juana de Ibarbourou la crítica hispanoamericana la elogia en forma unánime. La autora de aquellos versos, nacida en Melo, Uruguay, en 1895, cultivaba la poesía desde muy joven.

Diez años después, el 10 de agosto de 1929, en el Salón de los Pasos Perdidos del Palacio Legislativo del Uruguay, Alfonso Reyes la proclama "Juana de América", título de carácter continental que había propuesto el poeta y político peruano José Santos Chocano.

Juana de Ibarbourou fue invitada al almuerzo que en homenaje a Federico ofreció el doctor Eduardo Rodríguez Larreta, director del diario *El País* de Montevideo en el Hotel Carrasco apenas el poeta llegó a la capital uruguaya. *"Uno de mis eternos imposibles de origen doméstico"*, cuenta ella, *"me impidió asistir al ágape, pero fui luego a gustar con los amigos la clásica taza de café del Brasil y la ágil, gustosa charla de sobremesa. Se me hizo, de inmediato, gentilmente, lugar junto al gran poeta, y la conversación tomó enseguida un tono de antigua amistad, al que el tuteo común en Federico subrayó sin que nada tuviese para mí, poco amiga de la intimidad instantánea, el más leve sabor molesto o extraño"*.[134]

La sencillez del granadino cautivó sin más a Juana de Ibarbourou: *"Él era García Lorca y su llaneza constituía una dádiva. Versos, intercambio de libros (los de él con su peculiar Federico y los pequeños dibujos con que gustaba ilustrarlos), visitas a mi casa, siempre a tomar el café maravillosamente destilado por mi madre, juegos con mis perros en la ancha terraza sobre el mar, recitado de sus poemas en su castizo tono español y su modo sin igual, ajustado, en los ademanes, pero tan bellamente enfático"*.[135]

Se vieron también en el homenaje que organizaron el entonces ministro de España en el Uruguay, don Enrique Diez Canedo, y su esposa doña Teresa Manteca Ortiz en la legación española con la presencia de un grupo de intelectuales uruguayos entre los que se encontraban, además de la autora de *Chico Carlo*, Fernán Silva Valdés, Carlos Reyles y Rosario Acosta Méndez, por nombrar sólo a algunos. *"¡Oh, qué recuerdos!"*, evoca la poeta. *"Guardo algunas fotos instantáneas tomadas juntos y una de ellas en la legación de España siendo entonces ministro Enrique Diez Canedo, tan bien acompañado por su inteligente y bella Teresa."*[136]

La inevitable tensión entre obligaciones sociales y placer que implicaba para García Lorca la participación en aquellos eventos no pasó inadvertida para "Juana de América": *"... en* aquellos días que rememoro, vivo, ágil, alegre, flor de la raza, García Lorca estaba en Montevideo y era rodeado por dos mundos casi antagónicos que suelen mirarse irónicamente de reojo: el social y el intelectual. Lo recuerdo vestido de overol azul, desafío de muchacho a los convencionalismos, su noble cabezota, sus hermosos ojos color castaño extrañamente melancólicos a pesar de la euforia de todo su ser, sus arrebatos, y, ¡ay!, sus grandes, entusiastas proyectos para el futuro".[137]

Por propia decisión e iniciativa Federico visitó de manera sorpresiva la casa familiar de Juana de Ibarbourou en el momento en que se aprontaban para asistir a la tradicional "misa de once". *"Lo recuerdo así"*, dice Juana, *"una mañana de domingo veraniego en que llegó a mi casa en el momento en que salía la familia para nuestra 'misa de once'. Turbado, murmuró al darse cuenta: 'Me voy, Juana. Volveré más tarde. Si quieres al café.' Pero mi dulce madre lo conminó, ingenua y directa: 'Suba al coche. Venga con nosotros a la iglesia de Nuestra Señora del Perpetuo Socorro. Le prestaré mi rosario.' Él sentóse a su lado; tomó el rosario que ella le alcanzaba, con un reservado ademán de chiquillo puesto en un brete, y me dijo como quien da explicaciones por una cosa que no comparte del todo, o con la cual se siente en falta: 'Mi madre es también católica, ¿sabés Juana? De niño tampoco faltaba yo a la misa de los domingos.' Y agregó riendo, ya en pleno dominio de sí mismo: 'Pero iba más temprano que tú. ¡Qué tu misa de once! A las siete ya estaba sacándome, muchas veces, mis vestiduras de monaguillo. Porque lo fui, créetelo, y mira que me sé mis buenos latines'"*.[138]

Observadora atenta, Juana sigue con su mirada la actitud que adopta Federico en la iglesia sin perder ninguno de sus movimientos, sus miradas y ademanes. Su relato pone en evidencia la compleja personalidad de García Lorca: *"Cayó como perdido en su lejano recuerdo o en un ensueño no menos remoto. En el templo quedó con mi marido en el grupo de los hombres que no asisten de rodillas a los divinos oficios, pero que los siguen respetuosamente de pie. Mi marido, que como nosotros era muy creyente, por cortesía no quiso dejarlo solo y ese día estuvo a su lado toda la misa. Furtivamente, volví la cabeza dos o tres veces y vi a Federico con su rosario tan tieso en la mano que parecía de alambre. Volvimos a casa alegres, bulliciosos, y ese día almorzó en nuestra mesa. Contaba anécdotas, se atiborraba de aceitunas y antipasto; tan muchachón como mi hijo que lo miraba deslumbrado, repitió el postre. Días después fue la despedida"*.[139]

Juana de Ibarbourou, abril de 1929.

[134] Juana de Ibarbourou, "Federico García Lorca", en *Proa*, Buenos Aires, mayo-junio de 1998, página 73.
[135] Op. cit., página 73.
[136] Ibídem, página 74.
[137] Ibídem.
[138] Ibídem.
[139] Ibídem.

Gallegos en Buenos Aires

Sostiene Antonio Pérez Prado que así como no es posible comprender a Buenos Aires sin Galicia y los gallegos, tampoco se puede tener una idea completa de la realidad de Galicia sin Buenos Aires. *"Galicia hizo de Buenos Aires la ciudad gallega más grande del mundo de hacerla tan grande como ninguna en el sur, en Iberoamérica, en lengua española, en tantas cosas. Buenos Aires hizo de Galicia la más americana de las regiones europeas, la más argentina, la más porteña."*[140]

Esa realidad gallega era bien conocida por García Lorca, que viajó por primera vez a la región en 1916, a los dieciocho años. El poeta y editor de poesía Rodolfo Alonso asegura que aquella estadía juvenil en Santiago de Compostela, si bien no demasiado prolongada, le permitió a Federico *"... al parecer percibir en toda su clara gravedad, casi de un vistazo, lo esencial del drama y la riqueza del pueblo gallego. Y sus Seis poemas galegos, editados en 1936 por Anxel Casal (quien también iba a ser bárbaramente asesinado) siguen siendo desde entonces una fuente de inagotable maravilla, por lo certeramente que caló en el idioma, en el sonido pero también en el sentido de un pueblo hecho de viejas heridas y de nuevos desgarramientos, como el de la emigración"*.[141]

Un punto de vista similar sostiene Ian Gibson, para quien *"El aura de leyenda y misterio que envuelve a Galicia, sus brumas y sus supersticiones, no podían por menos de atraer a un Lorca para quien lo luminoso es la misma sustancia de la vida".*[142]

---

[140] Antonio Pérez Prado, *Los gallegos y Buenos Aires,* Ediciones La Bastilla, Buenos Aires, 1973, página 263.
[141] Rodolfo Alonso, "El desquite de Lorca", en: *Onda Cero,* Buenos Aires, nº 23, junio de 1998.
[142] Ian Gibson: *Federico García Lorca...,* op. cit., página 178.

Arriba, las visitas, Federico García Lorca y Manuel Fontanals, los acompañan periodistas, poetas, artistas y amigos de Buenos Aires. Año 1933, parados, primera fila, M. Fontanals, el embajador de España don Alfonso Dávila, Norah Lange, Amparo Mom, Federico, Pablo Suero, Lola Membrives, Juan Reforzo y Sara Tornú de Rojas Paz; en segunda línea, Roberto Ledesma, Enrique García Velloso, Emilia Bertolu y Jorge Larco; en la última fila, Enrique Amorín, Amado Villar, José González Carballo, Pablo Rojas Paz, Oliverio Girondo y Pablo Neruda.

Derecha, foto actual de la Avenida de Mayo, Buenos Aires. En ella se congregaron muchos de los gallegos inmigrantes y le dieron un estilo propio.

Arturo Cuadrado Moure

Las tierras gallegas, sus paisajes, su lengua, y en particular los inquietos jóvenes que conoció y trató en las dos visitas que realizó, la primera como queda dicho en 1916 y la segunda en 1932, ejercieron un enorme atractivo sobre Federico García Lorca. Su presencia quedó, imborrable, grabada a fuego en la memoria y el recuerdo permanentes de algunos de esos jóvenes gallegos. Eduardo Blanco Amor, el pintor Luis Seoane, el poeta y conferenciante Xavier Bóveda Pérez, y, en particular, el entonces joven poeta, editor y librero Arturo Cuadrado Moure fueron algunos de ellos.

Aunque había nacido en Denia (Alicante) el 3 de marzo de 1904, al fallecer su padre, que era maestro nacional y natural, de Valladolid, se traslada con su madre y hermanos a Carballo, y en 1920 pasan a vivir en Santiago de Compostela. Su madre, por cierto, era gallega: había nacido en la comarca coruñesa de Bergantiños.

La *Gran Enciclopedia Gallega* nos informa que después de 1929, Arturo Cuadrado colaboró en diversas publicaciones gallegas: *El Pueblo Gallego,* de Vigo, *El País Gallego,* de Santiago, *Yunque,* de Lugo, *El Sol* y *Política,* ambos de Madrid, y *El Mercante,* de Valencia.[143]

El medio en que adquirió su educación Arturo fue decisivo en su formación y su influjo lo llevó a convertirse en un escritor comprometido con su pueblo y su cultura. *"En Santiago, Arturo Cuadrado funda y dirige el semanario de humor* Don Claro *y, un poco más tarde,* Resol, *'hojilla volandera del pueblo', dedicada a poesía y que se distribuye gratuitamente. También por esos años anteriores a la guerra civil, funda con Juan Jesús González, abogado y periodista, la librería y editorial Niké, innovadora en cuanto al comercio del libro, en la que publican obras Rafael Dieste, Antonio Ramos y Manuel Fuentes Jorge. Editó, además, a Álvaro Cunqueiro con el sello Resol."*[144]

En 1932 se conocía en Galicia de la obra de García Lorca *El cante jondo* (canto primitivo andaluz, 1922), y la primera edición del *Romancero gitano* (Editorial Revista de Occidente, con poemas de 1927-1928). Mucho después, Arturo Cuadrado recordaría en Buenos Aires que Federico le había dedicado en su segunda visita a Santiago un ejemplar de este libro.

Arturo conoció a Federico durante este segundo viaje de 1932. Apunta José Luis Cano que este viaje fue especialmente interesante para García Lorca y que de él surgen sus *Seis poemas galegos*. Comenta también que dio varias conferencias en La Coruña y en Santiago, y que *"en esta última ciudad, sobre* todo, ese puñado de jóvenes inquietos que mantienen en cada provincia española el amor a la poesía y el arte, le recibió con entusiasmo. Lo formaban entre otros Arturo Cuadrado, el pintor Maside, el malogrado poeta Feliciano Rolán, a cuya muerte prematura dedicó Federico unas hermosas líneas, Ernesto Pérez Guerra, Carlos Martínez Barbeito, Domingo García Sabell, Luis Manteiga, Álvaro Ruibal, el pintor Luis Seoane. Con ellos paseó incansablemente por las rúas santiagueñas, admiró cada maravilla de la ciudad y fue a depositar unas flores en la tumba de Rosalía de Castro, en el convento de Santo Domingo, lo cual no era un simple gesto protocolar, porque Federico amaba la poesía de Rosalía, y solía poner a la poetisa gallega en el lugar más alto de nuestra lírica del siglo diecinueve. Más tarde confesaría a un periodista de Buenos Aires: 'Llevo a Galicia en el corazón, porque en ella he vivido y soñado mucho' ".[145]

También Ian Gibson registró el encuentro de Federico García Lorca con Arturo Cuadrado en Galicia: "Si en 1916 Federico se había quedado emocionado ante la solemne belleza y la grandeza de Santiago de Compostela, en la visita de 1932 su entusiasmo no conoce límites. Por supuesto va bien acompañado; en su largo paseo nocturno aquel 7 de mayo de 1932 por las rúas compostelanas, después de la conferencia, están a su lado el librero Arturo Cuadrado Moure, una de las figuras más destacadas del mundo literario y artístico de la ciudad, propietario de la librería editorial Niké y fundador de la revista Resol, combativa hoja volandera…"[146]

A comienzos de la guerra civil española Arturo Cuadrado editó en Valencia su libro de poemas *Aviones*, y durante la larga contienda dirigió *El Combatiente del Este* y, con el poeta Manuel Altolaguirre, publicó *La Cirila*, revista humorística y satírica. Fue teniente coronel del ejército español, y dirigió las publicaciones del Ejército del Este, editando libros de poesía de los poetas más notables del momento, entre otros Pablo Neruda, César Vallejo y Emilio Prados.

Tras la derrota de la República Española se exilia en Buenos Aires y aquí funda y dirige, en colaboración con Luis Seoane, varias editoriales: Emecé, Nova y Botella al Mar, "… *donde ven la luz colecciones de libros gallegos, así como* Hórreo, Doma, Camino de Santiago, Pomba, *etcétera, en las que se publican más de un centenar de autores gallegos, muchos de ellos originales, en gallego y castellano, siendo durante algunos años las únicas editoriales que sistematizan esta labor".*[147]

Entre tanto, sigue escribiendo. Publica cuatro libros de poesía: *Soledad imposible, Canción para mi caballo muerto, Misa*

Arturo Cuadrado Moure.

solemne para tu corazón, *Ola indecisa,* y el pequeño libro en prosa *Noticia para más noticias.*

En junio de 1998, mes en que se cumplía el centenario del nacimiento de Federico, Arturo me concedió una entrevista. Con sus lúcidos noventa y cuatro años y una locuacidad envidiable, se entregó a la evocación de sus encuentros con el granadino. En Madrid, por ejemplo, en los bares, en los cafés, en la Gran Vía, en Puerta del Sol. *"Era de ir mucho al café",* me dijo Arturo; *"el lugar de la cita obligada, esa cosa española de perder el tiempo o construir el tiempo según se lo mire".*[148]

Luego recordó, cerrando los ojos, aquellos días junto a Lorca, en su casa en Santiago: *"Federico era muy expresivo y expansivo. Visitó mi casa y entabló relación de inmediato con mi madre, que era como su madre; no dejaba de abrazarla y reír con ella. Era un hombre de una alegría extraordinaria. La amistad para él era un culto y lo practicaba intensamente. Siempre estaba en movimiento, hacía muchas bromas, pero pasaba con facilidad de la alegría a la tristeza. La muerte estaba muy presente en su conversación y era como un culto que lo perseguía y volvía constantemente. Viajamos a Padrón para visitar la casa de Rosalía de Castro, a quien admiraba, y luego fuimos al cementerio. Llevamos una botellita de vino y visitamos su tumba; bebimos en silencio. Ésta es una de las imágenes de Federico que me vuelve de tanto en tanto, ahí parado frente a la tumba de Rosalía en silencio, en silencio..."*[149]

---

[143] *Gran Enciclopedia Gallega,* Tomo VIII, Cousi-Demo, Silverio Cañada Editor, Santiago, 1974, página 69.
[144] Op. cit., página 69.
[145] José Luis Cano, op. cit., páginas 119-120.
[146] Ian Gibson: Federico García Lorca..., op. cit., página 178.
[147] *Gran Enciclopedia Gallega,* op. cit., páginas 69-70.
[148] Entrevista de Pablo Medina a Arturo Cuadrado, Buenos Aires, junio de 1998.
[149] Op. cit.

Eduardo Blanco Amor

El mayor de tres hermanos, Eduardo Blanco Amor nació en Orense el 14 de septiembre de 1897. Desde muy joven se destacó por sus cualidades literarias, al punto de que llegó a convertirse en una suerte de guía y orientador de las nuevas generaciones de poetas y escritores de su región. Es sensible al modernismo y a los cambios que se producen en su época en materia literaria.

Su carrera literaria se prolongó en su larga estancia en Buenos Aires, una de las ciudades más cultas de la América hispana de ese entonces, a la que llegó con veintidós años en 1919. Aquí participó en la rápida y dinámica organización de la comunidad gallega de Buenos Aires, a la que se integró con facilidad.

Blanco Amor hizo sus aportes a la consolidación de la comunidad gallega que se congregó en torno de sus organizaciones, como el Centro Gallego de Buenos Aires, desde donde proyectó gran parte de las actividades culturales.

Es así como, en 1923, participó activamente en la creación y dirección de *Terra,* boletín de cultura gallega que se constituye desde su comienzo en ideario de la Hermandad Nacionalista Gallega de la América del Sur. A partir del año 1925 empezó a colaborar en el suplemento literario semanal del diario *La Nación,* que proyectó su influencia sobre toda la América hispánica.

Por entonces conoció y frecuentó a los escritores más notables del país: Leopoldo Lugones, Eduardo Mallea, Jorge Luis Borges, Eduardo González Lanuza, Ernesto Sabato, entre otros. En 1928 es enviado a España como corresponsal del diario *La Nación:* los escritos que envía están dedicados a la realidad cultural e intelectual española y en particular a la gallega. Luego de una breve estancia en su tierra retornó a la Argentina a comienzos de 1929. A su regreso puso toda la energía y amor al servicio de la causa gallega en nuestro medio y la

Blanco Amor en los días de la publicación de Romances Gallegos.

Blanco Amor fue corresponsal en España cuando se cernía la tormenta.

extendió a Uruguay y Chile. La defensa de esos principios y el fortalecimiento de la República en el marco de la libertad y la democracia fueron una constante de su actividad en ese período.

En marzo de 1933 Eduardo Blanco Amor volvió a España desempeñándose, desde 1933 hasta 1935, como corresponsal exclusivo de *La Nación*, trabajo que le permite poner en evidencia su notable prosa a través de reportajes sobre España y en especial sobre Galicia y su cultura.

En el excelente trabajo colectivo *Sempre en ansía* dedicado a su vida y su obra leemos: *"Los temas políticos ocupan la primera plana: las Constituyentes, elecciones, la República, el Estatuto Gallego, crónicas que también enviará a los periódicos más influyentes de las riberas del Plata, tales como* La Prensa, El Mundo, La Razón, *y* El Día, *de Montevideo"*.[150]

Blanco Amor se constituye así en el mejor y más claro vocero de la caliente realidad española a través de sus excelentes notas. Además, graba y transmite por radio desde Galicia y Madrid entrevistas a personalidades de la cultura y la política españolas del momento.

Retornó a Buenos Aires en noviembre de 1935, en el momento en que la situación de su país entraba en una pendiente sin salida. Alzamientos militares, conflictos obreros, paros y enfrentamientos de toda índole ponían a España al borde del abismo.

Desde Buenos Aires, Blanco Amor alzó su voz y su discurso político en defensa de la legalidad de la República y de la autonomía gallega. Esta militancia no le impidió constituirse además en el mejor divulgador de la obra de Federico García Lorca en la Argentina. Lo que ocurrió fue que Eduardo y Federico se conocieron en España en 1933 por mediación de Ernesto Pérez Guerra, miembro del naciente Club Anfístora, nombre con el que García Lorca rebautizó al Club Teatral de Cultura. A partir de ese encuentro Eduardo quedó maravillado y sorprendido por la personalidad de Federico.

Muchos años más tarde, Blanco Amor recordaría en un emotivo artículo publicado en *La Nación* el impacto que le causó la irrupción de Lorca en su vida: *"Se trata de un deslumbramiento que quedó ahí, como una herida que no cesa, como un cierto modo de gratitud maravillada que hace, incluso, tener lástima de quienes no le han conocido como si hubieran sido injustamente privados de un beneficio, de un espectáculo humano al que todos deberían haber tenido acceso. Después de un contacto amistoso con él, de alguna manera todos hemos sido otros... Yo considero su proximidad como una de las grandes venturas de mi vida. Y esto no tiene nada que ver con mis pobres libros, sino con el total enriquecimiento de mi ser. Muchos otros pueden decir otro tanto y muchos lo han dicho".*[151]

La relación entre Federico y Eduardo se hace más intensa después del regreso de aquél a España, en abril de 1934. Así lo registró Ian Gibson, quien cuenta que aquella primavera *"Lorca recibió en la Huerta de San Vicente la visita del escritor gallego Eduardo Blanco Amor, que ardía en deseos de conocer detalles de su estancia en Buenos Aires. Era la primera vez que Blanco Amor veía al poeta en Granada. No se había dado cuenta de que Federico era hasta tal punto hombre de la Vega de Granada más que de la capital; y cuando el padre del poeta lo llevó a la Fuente Vaqueros y le mostró el pueblo, la revelación se confirmó: las raíces de la obra de Lorca se hundían en el paisaje y en el habla de su infancia".*[152]

Si inicialmente Lorca había deslumbrado a Eduardo Blanco Amor, ahora en la Huerta de San Vicente, rodeado de sus familiares y mostrando con ansiedad y gozo los regalos que había recibido en Buenos Aires, Federico habló más que nunca, con ese fervor que le era habitual, de sus éxitos y de sus amigos.

En una nota escrita para el diario *La Nación* de Buenos Aires, Eduardo Blanco Amor recordaba así a Federico: *"Nos encontramos en Granada a su retorno de la Argentina. Habló toda la tarde con desbordada alegría, con repentinas pausas melancólicas y con síntesis abruptas de una certeza de observación que a mí mismo me sorprenderían después de veinte años de vecindad en mi país adoptivo. Por la noche, con ayuda de José García Carrillo, su amigo de infancia, reconstruí algunas de sus frases: 'Los argentinos no son fríos ni solemnes, como se dice; son tímidos. Pero como, al mismo tiempo, tienen una gran certeza de sí, no son resentidos, como suelen ser los tímidos, sino irónicos.' 'A veces, se asombran tanto de lo suyo como si acabasen de desembarcar en su tierra. Esta novedad de cada momento puede ser una de sus grandes fuerzas porque es una de las formas de su esperanza...' 'Los argentinos tienen la amistad trabajosa, pero es un trabajo que compensa. No es verdad que sean así con los forasteros; son así también entre ellos. Cuando estas fronteras se saltan o se van gastando dan la sensación de ser amigos para siempre; como yo no tenía tiempo de gastarlas salté las que pude...' 'Pienso volver porque este viaje me llenó de cosas, no tenés idea hasta qué punto...' 'La mujer argentina es el verdadero amigo, tal vez porque está más liberada, porque duda menos, porque espera menos de sí o porque le importa menos el juicio ajeno. Son grandes amigas repentinas...' "*[153]

Eduardo Blanco Amor, que en esta nota habla de Lorca (a quien otro gallego, Castelao, llamaría "el

Para Blanco Amor, haber conocido a Federico fue "una de la grandes venturas" de su vida.

poeta mártir") veinte años después de su trágico fusilamiento, había asumido desde mucho antes en nuestro medio un liderazgo indiscutido en la tarea de hacer conocer su vida y su obra.

El 29 de noviembre de 1935, recién llegado a Buenos Aires, le había escrito a Federico: *"...soy aquí un poco tu representante espiritual y pienso dedicarle tanto tiempo a mis cosas como velas a defender y a exaltar las tuyas. Al fin, aunque mi vida no tuviese otro objeto que la de servir a la tuya, ya con esto estaría bien justificada"*[154]

A pesar de que se desconoce respuesta alguna de Federico a las cartas que le enviara tanto desde España como luego desde Buenos Aires, Eduardo siguió escribiéndole sin pausa: *"Piensa un poco en esto y contéstame. Pero contéstame"*, le decía en una de sus cartas. Dos meses antes, aún en España, en carta fechada el 22 de septiembre de 1935 se despedía así: *"Sólo te pido una postal a vuelta de correo mandándome las señas de tu cuñado, para mandar a tu mamá las fotos, que ya las tengo dedicadas, y no quisiera irme con ellas. Si me escribes hoy mismo, hazlo a las señas de este hotel. Y deberías escribirme porque estoy muy triste"*.[155]

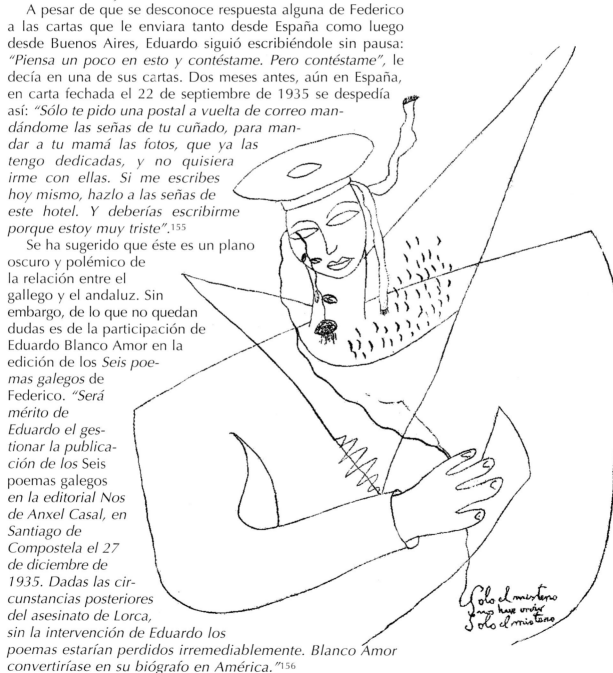

Se ha sugerido que éste es un plano oscuro y polémico de la relación entre el gallego y el andaluz. Sin embargo, de lo que no quedan dudas es de la participación de Eduardo Blanco Amor en la edición de los *Seis poemas galegos* de Federico. *"Será mérito de Eduardo el gestionar la publicación de los* Seis poemas galegos *en la editorial Nos de Anxel Casal, en Santiago de Compostela el 27 de diciembre de 1935. Dadas las circunstancias posteriores del asesinato de Lorca, sin la intervención de Eduardo los poemas estarían perdidos irremediablemente. Blanco Amor convertiríase en su biógrafo en América."*[156]

A propósito de los *Seis poemas galegos,* vale la pena referir aquí que en 1996 se publicó en Buenos Aires una edición de ellos con sus respectivas traducciones al lunfardo, versiones que se deben al poeta y ensayista Luis Alposta, miembro de número de la Academia Porteña del Lunfardo.[157]

No sólo "a Lorca le habría gustado", como se señala en la introducción; podemos conjeturar que, de haber tenido la oportunidad, tal vez él mismo habría escrito algún poema en lunfardo, como lo hizo en gallego, habida cuenta del interés que mostró por los versos de *La crencha engrasada* de Carlos de la Púa y de su conocimiento de los tangos en los que se utilizaba el argot porteño, y que no vacilaba en cantar acompañándose al piano.

Entre los estudiosos ha habido discusiones acerca de si Federico escribió o no estos poemas directamente en gallego. Antonio Pérez Prado, en su introducción a *Lorca en lunfardo* se refiere al tema y comenta que *"Eduardo Blanco Amor aquí, en Buenos Aires, siempre afirmaba que fuera de conservar los originales y haberlos facilitado en 1935 para su edición, nada tenía que ver con los magníficos* Seis poemas galegos. *Y mostraba Eduardo un desprolijo montón de versos, escritos en el reverso de facturas de hotel y de sobres amarillentos, no todos recorridos por la misma caligrafía".*[158]

En cuanto a las versiones en lunfardo, el traductor, Luis Alposta cuenta: *"Cuando Antonio Pérez Prado me habló por teléfono de los poetas alófonos, me llevó unos minutos reaccionar, y luego, ya repuesto, me tentó la idea de poder incorporar estos poemas gallegos a la literatura lunfarda".*[159] Y agrega: *"El problema surgió en mí cuando tuve que decidir si debía aproximar a Lorca a los porteños, cambiando suficientemente sus palabras para hacerlo inteligible, aun a costa de sacrificar el estilo, la belleza y los giros del lenguaje gallego, o si por el contrario debía valerme de mi conocimiento del lunfardo para que fuésemos nosotros quienes nos aproximáramos a él".*[159]

Como para muestra basta un botón, transcribimos unas líneas de la *Cantiga do neno da tenda* (Canción del muchacho de la tienda):

"Bos Aires ten unha gaita
sobre do Río da Prata,
que toca o vento do norde
coa súa gris boca mollada.
¡Triste Ramón de Sismundi!"

Versos que en lunfardo suenan así:
"Buenos Aires y una gaita
junto al Río de la Plata,
que llora gaitas ausencias
por su boquilla mojada.
¡Depre Ramón de Sismundi!"[160]

Dibujo de la página anterior, título: Material nupcial. *Tinta china. Inscripción:* "Sólo el misterio /nos hace vivir. /Sólo el misterio. Federico García Lorca 1934."

---

[150] Luis Pérez Rodríguez et al., Eduardo Blanco Amor. *Sempre en ansía*, Ediciones Xerais, Vigo, 1993, página 19.
[151] Citado en: Xornadas Eduardo Blanco-Amor, Xunta de Galicia, Santiago de Compostela, 1997, página 61.
[152] Ian Gibson, *Vida...*, op. cit., página 459.
[153] Eduardo Blanco Amor: "Evocación de Federico", *La Nación,* 21 de octubre de 1956.
[154] Citado en: Xornadas Eduardo Blanco Amor, op. cit., página 62.
[155] Ibídem, página 62.
[156] Luis Pérez Rodríguez et al., Eduardo Blanco Amor..., op. cit., página 21.
[157] Lorca en lunfardo. Los "Seis Poemas Galegos" en edición bilingüe. Traducción de Luis Alposta. Estudio preliminar de Antonio Pérez Prado, Buenos Aires, Corregidor, 1996.
[158] Op. cit., página 9.
[159] Ibídem, página 13.
[159] Ibídem, página 13.
[160] Ibídem, páginas 20 y 21.

María Rosa Oliver

La autora de *Mundo, mi casa* no fue una mujer más en la vida de García Lorca. Durante su estancia en Buenos Aires se conocieron y trataron, y fueron diversas las afinidades que los acercaron. Entre las mujeres argentinas que podían exhibir personalidad propia e independencia de criterio se encontraba María Rosa Oliver, ensayista, crítica y narradora de especial sensibilidad. En 1931 participó de la fundación de la revista *Sur*. Mujer de una prodigiosa vitalidad interior y de un alto espíritu social y solidario, aplicó su vida a una militancia permanente en favor de la paz y de la libertad entre los seres humanos.

Nació en Buenos Aires en 1898, y en su infancia enfermó de poliomielitis, a causa de lo cual no pudo volver a caminar. Sin embargo, ello no le impidió desarrollar una actividad intelectual y una carrera política sobresalientes. En la década del treinta se afilió al Partido Comunista de la Argentina y tuvo una activa participación en la solidaridad con los republicanos durante la Guerra Civil Española. Publicó sus memorias en tres volúmenes titulados: *Mundo, mi casa*, *La vida cotidiana*, y *Mi fe en el hombre*.

El poeta y María Rosa, que era mujer de lucha y de firme temperamento, conversaron varias veces. El recuerdo que ella aportó años después acerca de sus encuentros con Federico testimonia esa amistad. *"Lo vi varias veces"*, cuenta María Rosa en la nota de la revista *Primera Plana* de 1968 que ya he citado en varias oportunidades. *"En esa época yo vivía en Merlo; él me llamaba por teléfono y nos encontrábamos. Conversábamos mucho, siempre era fascinante."* Solían citarse en un restaurante que regenteaba Luis Saslavsky, frente a la plaza San Martín. *"Una vez llegó con una corbata roja muy llamativa. Me explicó que era el luto por Alcalá Zamora y por la República."* García Lorca reemplazaba su desinterés por la política con el fervor revolucionario, *"porque un poeta siempre es revolucionario"*.[161]

María Rosa Oliver, que vivió intensamente los acontecimientos de las crisis humanas, políticas, sociales y culturales de la década de los treinta, creía firmemente que la cultura y la educación eran el vínculo más fuerte y la salida más justa y coherente para la armonía y la paz de los pueblos, que deben estar basadas siempre en el diálogo.

Dicho de otro modo, creyó en el diálogo como la forma más ecuánime y justa para la comprensión de los seres humanos. En ese sentido, las presencias del norteamericano Waldo Frank y de Federico García Lorca le permitieron bucear en estos dos espíritus cosmopolitas y nutrirse de su visión del mundo y del arte.

La anécdota que sigue es por demás ilustrativa de la versatilidad de Federico y fue narrada por Luis Saslavsky. *"En la casa de*

María Rosa Oliver nos reunimos un grupo de amigos con Federico García Lorca y, como siempre, salió aquella cuestión de la diferencia de acentos y pronunciación entre argentinos y españoles. Nosotros dijimos que todos los argentinos podían imitar a un español y que, en cambio, ningún español podría imitar a un argentino. Bueno, cada uno de nosotros hizo su imitación, Federico se rió como loco y dijo: 'Habláis como gallegos, no hay ningún madrileño, ni un andaluz en esas imitaciones. Yo, por el contrario, soy capaz de imitar al argentino más argentino posible'. Entonces fue hasta el piano, se sentó y cantó, acompañándose, entero, el tango El ciruja. Aquel que empieza diciendo 'Como con bronca y junando'. Te aseguro que el reo más reo de Puente Alsina no lo hubiera cantado más canyengue. Nos dejó a todos admirados y chatitos."[162]

En la nota de *Primera Plana* citada, María Rosa Oliver recuerda que al despedirse de ella Federico le dijo: *"No temas, volveré el año próximo y saldremos con una carreta para dar funciones teatrales en vuestras provincias"*.[163]

---

[161] En: "Llega García Lorca...", op. cit., página 92.
[162] María Esther Vázquez, "Federico y el tango", en: *Instantáneas, La Nación*, 4 de setiembre de 1983.
[163] En: "Llega García Lorca...", op. cit., página 92.

Ricardo E. Molinari, El Tabernáculo, Cabeza de marinero muerto.
Dibujo de Lorca. Viñeta de cubierta y portada, 1934.

Las actrices, las conferencias y los títeres

Lola Membrives

Fue una actriz que vivió intensamente gran parte de la historia del teatro argentino y español, y la elegida y señalada para protagonizar las obras de Federico García Lorca en la Argentina. *"No me considero la mejor, aunque me lo dijeran"*, señaló alguna vez.

El período García Lorca, con puestas de *Bodas de Sangre, Mariana Pineda* o *La zapatera prodigiosa*, constituyó un hito en la historia del teatro contemporáneo en nuestro país. *"Yo soy el autor para Lola Membrives"*, decía el poeta, y basta recordar la creación que ella hizo del personaje de la madre en *Bodas de sangre*.[164]

Lola Membrives nació el 28 de junio de 1885 en Buenos Aires, en la calle Defensa entre Alsina y Moreno, barrio de San Ignacio o Catedral al Sur, y como ella misma recordara, *"al lado de la farmacia Rolón"*.

Desde muy joven, aun antes de asistir a la escuela primaria, fue una precoz actriz. Hija de españoles vinculados con la escena de la época, especialmente con las compañías provenientes de la península ibérica, *"... con el pasar de algunos años"*, apunta Carlos Alberto Andreola, *"es la niña que actúa en la obra* El cometa de Belgrano, *de Enrique García Velloso, y posteriormente, con inusitada ascensión, debuta en el escenario del Comedia"*.[165]

Su trayectoria teatral, auspiciosa y rica, se nutre con todo y de todo: vive su país, su música y sus creaciones dramáticas, entre las cuales ningún género le es ajeno. Se educó y construyó una enorme personalidad, humana y teatral, en el escenario mismo. *"Cultiva, en forma sucesiva, todos los géneros afines a su polifacético quehacer de actriz metódica y estudiosa: comedias, sainetes, tonadillas, zarzuelas, canciones, tragedias, dramas. Su espíritu y su alma se consagrarán en una comunión estética que permitirá decir sin eufemismos que toda la gama del teatro pasó por el temperamento de Lola Membrives, para quien, como intérprete, las dificultades técnico escénicas no tienen secretos."*[166]

Realizó su primer viaje a España en 1904. Contaba entonces diecinueve años, y en la península triunfó como cupletista con un repertorio selecto que incluyó entre otros el tango *Ojos negros*, que más tarde grabó. En mérito a sus relevantes condiciones actorales, a su voz, y su dedicación al teatro, fue contratada para actuar en el Teatro Apolo de Madrid, por ese entonces catedral del género chico español. En 1905 retornó a Buenos Aires para actuar otra vez en el Teatro Comedia. Poco después formó compañía con el cotizado actor Roberto Casaux, y se presentaron en el Teatro Apolo con la obra *La*

BODAS DE SANGRE

Vecinas: Con un cuchillo,
con un cuchillo,
en un día señalado, entre las dos y las tres,
se mataron los dos hombres del amor.
Con un cuchillo,
con un cuchillo,
que apenas cabe en la mano
pero que penetra fino
por las carnes asombradas
y que se para en el sitio
donde tiembla enmarañada
la obscura raíz del grito.
Y ésto es un cuchillo,
un cuchillito
que apenas cabe en la mano;
pez sin escamas ni río,
para que un día señalado, entre las
dos y las tres,
con este cuchillo
se queden dos hombres duros
con los labios amarillos.

señora Ana. Según el historiador del teatro rioplatense Tito Livio Foppa, *"... la escala ascendente de esta actriz alcanzó palmo a palmo la mayor altura en prestigio y fama, hasta considerársela como una de las figuras cumbre entre las actrices de habla hispana. Don Jacinto Benavente la exaltó con entusiasmo consagrándola cual su intérprete más completa"*.[167]

Dotada de una voz excepcional, intérprete de todos los géneros, relacionada especialmente con actores y actrices españoles, y hondamente arraigada en la raza de origen de su padre, se sintió muy cerca de lo español y su teatro. Su padre poseía una de las más importantes peluquerías de la ciudad y prestaba servicio a quienes formaban el ambiente teatral. Criada en ese medio decididamente propicio, no le costó adaptarse a lo esencialmente español, como tampoco a lo argentino, ya que ella estrenó más que ninguna otra actriz numerosas obras del repertorio de dramaturgos nacionales como Belisario Roldán, Enrique García Velloso, José Antonio Saldías, Alberto Norión, Octavio Ramírez, Samuel Eichelbaum, Nemesio Trejo, Ezequiel Soria y Vicente Martínez Cuitiño, entre otros.

Durante la temporada teatral de 1933, en el Teatro Fontalba, en la Gran Vía de Madrid, el empresario argentino Juan Reforzo y su esposa, la actriz Lola Membrives, ponían en escena obras de autores españoles y del repertorio universal con regular éxito de taquilla. De don Jacinto Benavente, de quien la actriz se convirtió en intérprete exclusiva, *Los intereses creados* y *La malquerida*. También representaron obras de Pérez Galdós y de los hermanos Manuel y Antonio Machado. Pero además, después del 19 de marzo, y tras la temporada dedicada a obras de autores españoles, estrenó *Anna Christie* de Eugene O'Neill, y de Bernard Shaw *El hombre que se deja querer*, con las que logró notable éxito, permaneciendo varias semanas en cartel.

Ian Gibson registra que a fines de marzo *"Lorca visita a Lola Membrives en su camerino, acompañado de Ignacio Sánchez Mejía y Rafael Alberti. 'La joven trinidad iconoclasta', así los denomina el redactor del Heraldo Juan G. Olmedilla, testigo de su llegada"*.[168] Según esta reconstrucción de Gibson, *"Lorca no tarda en establecer amistad con Lola Membrives, que dentro de poco volverá a Buenos Aires, ciudad cosmopolita donde, como señala la actriz a J. G. Olmedilla, el público está acostumbrado a disfrutar de los 'mejores espectáculos del mundo' y donde tiene verdadera discriminación. Es tal vez durante sus conversaciones con la Membrives cuando nace el deseo de Lorca de probar fortuna en la gran ciudad del Plata. Y en 1933 será ella quien, en un brillante montaje de Bodas de sangre, convierta a Lorca en figura famosísima en Argentina"*.[169]

Página 99, Lola Membrives y Federico García Lorca posan junto al afiche de Bodas de sangre, *que se representaba en el Teatro Avenida luego de haberse dado en el Maipo.*

En la página 100, Programa de mano de Bodas de sangre *con retrato de Lola Membrives y poema del cuchillo. Buenos Aires, julio-octubre de 1933.*

Manuel Fontanals, Federico García Lorca, Lola Membrives y Juan Reforzo.

Sentadas, en el centro: Helena Cortesina (izquierda) y Lola Membrives con otros actores durante la representación del reestreno de Bodas de sangre *en el Teatro Avenida de Buenos Aires, 25 de octubre de 1933.*

En la página siguiente, Lola Membrives en "Canción de otoño en Castilla", parte del fin de fiesta, añadido por Lorca a la representación de La Zapatera prodigiosa *en el Teatro Avenida de Buenos Aires. Diciembre de 1933.*

Muchos años después del episodio, el 5 de noviembre de 1989, en un homenaje a Lola Membrives realizado al cumplirse los veinte años de su fallecimiento, en el Club Español de Buenos Aires, el orador principal, su hijo el doctor Juan Reforzo Membrives, recordó algunos pasajes importantes de la vida de su madre como actriz y confirmó de este modo la versión de Gibson: *"En ocasión de realizar una larga temporada en España, recorriendo distintas regiones, Bilbao, Valladolid, Madrid, al llegar a esta ciudad, a fines del mes de septiembre de 1932, se encuentra con que la esperan Ignacio Sánchez Mejía y Encarnación López, 'La Argentinita'. El mensaje es de Federico García Lorca, que aquella noche quiere leer a Lola su nueva tragedia* Bodas de sangre. *Conociendo el carácter de Lola, que se niega de inmediato (además es muy tarde, y está muy cansada por el viaje), Federico llega esa misma noche, y le dice que no se puede postergar para el día siguiente. La lectura del texto se realiza, entrada la madrugada. Lola está impresionada, es una obra fuerte y muy lograda textualmente, pero explica a Federico y a los presentes que es imposible estrenarla durante esta temporada madrileña, pues tiene un contrato fijo e inamovible"*.[170]

Juan Reforzo Membrives apunta luego que *"finalmente fue la actriz española Josefina Díaz de Artigas quien aceptó poner* Bodas de sangre *en el Teatro Infanta Beatriz, el 8 de marzo de 1933. El éxito fue clamoroso, inolvidable. Más tarde mi madre le promete montar la obra en Buenos Aires. Vino muy entusiasmada"*.[171]

En Buenos Aires, el 30 de julio de 1933 el diario *La Prensa* informa que la noche anterior, en función extraordinaria a beneficio de la asociación La Peña, que funcionaba en la bodega del tradicional Café Tortoni, *"la compañía de la actriz Lola Membrives ofreció la última novedad de su temporada en el*

Teatro Maipo, llevando a escena la tragedia en siete cuadros titulada Bodas de sangre, *original del celebrado poeta español Federico García Lorca".*[172]

El comentario del cronista es inequívocamente laudatorio: *"Obra vigorosa y plena ésta de Federico García Lorca, tiene la potencia de las antiguas tragedias griegas y encierra el soplo vigoroso de inspiración de un poeta cabal, que alienta en nuestros días. Raro caso es éste en que la verba encendida de lirismo de humildes labriegos no choca como artificial; y es que el poeta supo mantener íntegramente la poesía natural del campesino, su espíritu, al vertirlas en frases rimadas. Y, habilidad de dramaturgo, el verso sólo asoma cuando es necesario, y cuando no, cede el paso a una prosa que no le desmerece ni en vuelo lírico, ni en pulcritud, ni en vigor de concepto".*[173]

Toda la prensa local se ocupó de *Bodas de sangre* y el éxito fue clamoroso. Según el consenso de los críticos, Lola Membrives, Helena Cortesina y el resto del elenco cumplieron acertadamente. Para el cronista del diario *La Nación*, por caso, *Bodas de sangre* es una obra *"arrancada de la entraña popular andaluza, se cimienta en valores de fondo y de forma auténticamente españoles, de la vacía España meridional, expresados con asombrosa veracidad poética por García Lorca, quien ha sabido entretejer una acción dramática intensa con un lenguaje de sobriedad ejemplar, magnífico de justeza, y coronar todo ello con el vuelo soberano de la inspiración trágica, que da, en el momento oportuno, inusitada grandeza a* Bodas de sangre".[174]

Luego del exitoso lanzamiento de la obra a beneficio de La Peña, surgió la idea de traer a Federico García Lorca para que participara activamente de la puesta. A raíz de problemas económicos, La Peña no pudo hacerlo. Sin embargo, ese propósito lo cumplió meses más tarde la Asociación Amigos del Arte, poderosa institución dedicada a la cultura en la ciudad de Buenos Aires, que dirigía entonces Bebé Sansinena de Elizalde.

Juan Reforzo Membrives, el hijo de Lola, reconstruyó así, en 1986, el arribo de García Lorca y el significado de su visita: *"El 13 de octubre de 1933 llegó Federico García Lorca a Buenos Aires. Vino en el vapor* Conte Grande; *cuando mis padres lo invitaron a conocer la Argentina y presenciar el éxito de* Bodas de sangre *sólo puso una condición: viajar en un barco muy grande. El éxito de la obra estrenada en el Teatro Maipo dos meses antes, fue clamoroso. Hubo que prolongar la temporada en el Avenida, en el que García Lorca montó otras dos obras:* Mariana Pineda *y* La zapatera prodigiosa, *con canciones y bailes. García Lorca, él mismo lo dijo, pasó en Buenos Aires una de las temporadas más felices de su vida; el público lo aclamaba, la intelectualidad lo rodeaba con admiración y cariño. Mi madre entregó toda su pasión por el teatro en este encuentro de Buenos Aires con el poeta, que en marzo de 1934 dejó la ciudad que se le había entregado; pero Buenos Aires ya no iba a dejar nunca a Federico García Lorca".*[175]

[164] "Lola Membrives, vigente a veinte años de su fallecimiento", en: *La Nación*, Buenos Aires, 5 de noviembre de 1989.
[165] Carlos Alberto Andreola, "Lola Membrives: una luminaria de la escena mundial", en: *Histonium*, Buenos Aires, n° 314, julio de 1965.
[166] Op. cit.
[167] Tito Livio Foppa, *Diccionario teatral del Río de la Plata*, Argentores. Ediciones del Carro de Tespis, Buenos Aires, 1961, página 448.
[168] Ian Gibson, *Federico García Lorca...*, op. cit., página 136.
[169] Op. cit., página 136.
[170] Juan Reforzo Membrives en conversación con Pablo Medina, Buenos Aires, 4 de noviembre de 1989.
[171] Op. cit.
[172] "Hay valores destacados en *Bodas de Sangre*. Estreno del Maipo. Federico García Lorca, su autor, se acredita buen dramaturgo y poeta", en: *La Prensa*, 30 de julio de 1933.
[173] Op. cit.
[174] "Se estrenará hoy en el Teatro Maipo *Bodas de sangre*", en: *La Nación*, 29 de julio de 1933.
[175] Entrevista a Juan Reforzo Membrives, en *La Nación*, 10 de agosto de 1986.

Irma Córdoba

Hija del empresario teatral Fidel Córdoba, nació en Esquina, provincia de Corrientes, y se formó desde muy pequeña en un ambiente propicio y adecuado para la práctica y el desarrollo de las actividades artísticas.

Se inició en la escena con la Compañía Teatral Infantil de la actriz Angelina Pagano, y más tarde actuó como dama joven de algunos de los elencos más prestigiosos del ambiente teatral profesional. Entre otras, integró las compañías de Blanca Podestá, Luis Arata, Paulina Singerman, Camila Quiroga, Pedro López Lagar, y otros elencos de primera línea. En 1934, siendo integrante como dama joven de la compañía de Eva Franco es llamada para sumarse al elenco que bajo la dirección teatral de Carlos Calderón de la Barca iba a representar una versión especial de *La dama boba* preparada por Federico García Lorca.

Esta versión libre, propuesta por Lorca a su regreso de Montevideo, entusiasmó a Irma Córdoba y se sumó de inmediato al proyecto. Señala Ian Gibson en su último libro sobre el poeta que *"Años más tarde, Irma, que hace el papel de Clara, recordaría la intensidad con la cual el poeta les había hecho ensayar sus papeles, insistiendo sobre el exacto cronometraje de sus movimientos y velando cuidadosamente por la dirección de los actores. Era verdad que en todo ello se veía la influencia de la experiencia de Lorca con los estudiantes madrileños"*.[176]

La niña boba, bautizada así por Lorca por la edad y juventud de sus intérpretes –Eva Franco e Irma Córdoba–, se estrenó el 4 de marzo de 1934 en el Teatro Comedia, de la calle Artes (hoy

Federico y Manolo Fontanals saludando a las actrices Eva Franco e Irma Córdoba, 1934.

Carlos Pellegrini), prestigiosa sala construida a fines de 1890. El periodista Pablo Suero, en su columna "Las noticias", anticipa el éxito de esta puesta teatral a cargo de Manuel Fontanals, quien en una atrevida imitación del Corral de la Pacheca,[177] ambienta el escenario y todo el ámbito de la sala para ubicar en la época correspondiente el montaje de La dama boba.[178]

En una reciente conversación con el joven cineasta Carlos Larrondo, Irma Córdoba repasaba con mucha claridad y gran afecto su participación en la obra de Lope de Vega. *"Nos convocaron a mí y a otros actores para hacer* La dama boba, *por mi edad me tocó el papel de Clara, la niña, junto con Eva Franco en el papel principal. Para nosotros fue muy importante hacer teatro clásico español en aquella época y con Federico García Lorca presente como guía y aportando toda su experiencia de La Barraca."*[179]

Irma Córdoba era muy joven cuando participó de esta experiencia irrepetible que, además de la vivencia plena, se convirtió en una suerte de señal de partida para muchos de los jóvenes actores que la realizaron cuando recién se iniciaban en las tablas. Se entiende, pues, que en la entrevista que acabo de citar Irma Córdoba señalara no sin pesar que *"... en aquella época no valoramos demasiado lo que estábamos haciendo junto a Federico; después, a través de los años, me di cuenta de lo importante que fue".*[180]

Ricardo E. Molinari, Una rosa para Stefan George, *dibujo de Federico García Lorca.*
Rosa de la muerte. Caligrama.
Inscripción: "Aire para tu boca", "TierraTierraTierra" "yMaderayMadera", "cuerpo" (cinco veces), "Nunca" (cinco veces), "ysiempreysiempre", "yNunca", "ysiempreysiempreysiempre", "MUERTE[MU]ERTEMEU", "MuerteyMuerte", "AGUA PARA TU AMOR" "FUEGO PARA TU CENIZA". "MuerteyMuerteyMuerte", Tierra / PARA / TU / ALMA", "MuerteyMuerteyMuerte".

[176] Ian Gibson, *Vida, pasión...*, op. cit., página 450.
[177] El Corral de la Pacheca fue inaugurado en 1583 y hasta 1605 se denominó así por haber sido instalado en un solar perteneciente a doña Isabel Pacheco.
[178] El original de *La dama boba,* manuscrito autógrafo, data del 28 de abril de 1613. El texto utilizado por García Lorca corresponde a la versión de Rudolph Schevill de 1918.
[179] Carlos Larrondo, "Breve entrevista con Irma Córdoba", Buenos Aires, junio de 1998.
[180] Op. cit.

Eva Franco

Evita, como se la llamó desde pequeña, era hija de actores de conocida trayectoria. Su padre, José Franco, que había iniciado sus actividades artísticas en cuadros filodramáticos, se unió más tarde a compañías profesionales. Eva había nacido en 1885 y actuó desde muy joven en compañías como la de Podestá-Vittone. Tiempo más tarde trabajó con Luis Arata y Tomás Simari formando con ellos el rubro "Arata-Simari-Franco". En este ambiente creció, maduró y se hizo actriz. Con su padre integró su propio elenco, en el que era la primera figura.

A la llegada de Federico García Lorca, Eva Franco era bien conocida en los escenarios de Buenos Aires. Dotada de una voz cálida y bien timbrada, estudiosa y dedicada plenamente a su quehacer artístico, realizaba estudios y práctica de canto, piano y pintura. En una entrevista periodística publicada en 1986, Eva Franco recordó su experiencia con Federico en Buenos Aires. *"Mi padre, José Franco, era un importante empresario de teatro. Yo actuaba desde los cinco años y para cuando Federico vino a nuestro país ya era una actriz de éxito. Hicimos amistad con él a través de Lola Membrives."*[181]

En otra entrevista, le contó al periodista que Lola se lo presentó la noche en que hizo una función para los actores y los escritores. *"Una gran función, una noche inolvidable. Y a raíz de este encuentro él me fue a ver. Parece que le gustó como yo trabajaba y también mi padre, José Franco, con el que tenía mi propia compañía. Calderón de la Barca, que era entonces el director de la compañía, le pidió una obra para mí. Él no tenía ninguna, estaba escribiendo* Yerma, *una obra dramática según nos dijo. Y la tenía pensada para otra actriz, no para mí. Yo era muy joven y representaba menor edad, como él mismo. Lógicamente dentro de la temporada de Lola no podía hacer otra obra en otra compañía. Pero prometió que cuando terminara la temporada, antes de irse a España, iba a buscar una para mí."*[182]

En pleno verano de 1934 Federico, Lola y su esposo Juan Reforzo, quien además era su empresario teatral, deciden de común acuerdo pasar una breve temporada en Montevideo, del 30 de enero al 16 de febrero. Esta estancia en Uruguay fue muy movida: dio conferencias, concedió entrevistas a diarios, visitó a amigos, paseó y descansó. El 16 de febrero retornaron a Buenos Aires.

Eva Franco continúa su evocación. *"Esa promesa la tomamos con un poco de duda, mi padre, Carlos Calderón de la Barca y yo, porque decíamos: 'Qué se va a acordar Federico, de aquí a seis meses a lo mejor se marcha'. Bueno, pero no fue así. Terminó el año '33 y en la segunda quincena del '34 apareció Federico con la versión de* La dama boba, *que fue una joya, porque la redujo y la preparó adaptándola para una compañía argentina que entonces no tenía posibilidades, ya que nunca se había hecho un teatro clásico español, y de la importancia de éste."*[183]

A esta versión libre de la obra de Lope de Vega, que Federico adaptó para que fuera representada por Eva Franco, él le cambió el título y le puso *La niña boba*, debido a que la actriz representaba menos edad que la que tenía y no se ajustaba al personaje del original.

"Pero lo más importante no fue eso", comenta Eva Franco, *"sino que tuve oportunidad de conocerlo de cerca. Aparte de tenerlo a mi lado un mes y pico en la puesta de la obra (venía todas las mañanas, el único tiempo que le dejaban sus compromisos, invitaciones, agasajos y conferencias), lo conocí en su aspecto alegre, feliz. Puso la obra, se mostró como director."*[184]

La puesta fue un gran éxito y estuvo en cartel varios meses después de que Lorca hubiera regresado a España. El elenco estuvo formado por la ya mencionada Irma Córdoba, Ángel Magaña, Enrique Serrano, Lalo Bouicher y Blanca María Santos. La dirección, queda dicho, estuvo a cargo de Carlos Calderón de la Barca. Cuando rememoró estos acontecimientos Eva Franco ya tenía más de noventa años, pero la lucidez no la había abandonado, y la emoción que le había provocado aquella experiencia única estuvo presente en sus palabras. *"¿Quién como él iba a enseñar esos versos? Nadie. Todos los días traía una idea diferente. Cantos, bailes para mí, monadas, como él decía. Un día vino con la idea de transformar todo el teatro en el Corral de la Pacheca, donde se estrenaban las obras de Lorca. Aquello era un juego, íbamos a divertirnos. Mi padre puso a su disposición todo lo que quisiera, e hicieron la transformación del teatro, que resultó algo magnífico porque el maestro Fontanals era un pintor y escenógrafo excelente. Parecía una cosa chabacana hacer un patio en un teatro, pero él lo hizo a la perfección. Cambiaron las luces, se taparon las arañas de la sala, se colocó un toldo enorme desde el principio de la platea hasta el proscenio, con claveles, plantas, mantones, todo con una luz muy tenue, alumbrado con faroles españoles. Tanta era la impresión del público que aplaudía al entrar en la sala. Y después vino la obra, que no salió tan mal... Fue un éxito muy lindo."*[185]

Lorca había bautizado a Eva Franco *"la capitana"*, porque era la cabeza de la compañía. La obra alcanzó las ciento cincuenta representaciones.

Federico García Lorca con la actriz argentina Eva Franco, en Buenos Aires en 1934, durante un ensayo de su versión de La niña boba, de Lope de Vega.

La periodista y ensayista Mirta Arlt anota lo siguiente en una entrevista que le hizo a la actriz en 1960 para el diario *La Nación*: *"Queremos saber cómo era García Lorca y proponemos adjetivos que se atropellan sin orden para lograr una impresión de la forma en que una actriz vio a un autor de humanidad tan rica. Eva Franco responde sintetizando su pensamiento: 'Era un niño', y continúa: Cuando presentamos la pieza estuvo encantado y sus palabras lo revelan: 'He procurado aliviar la obra de monólogos hasta ponerla como una muchachita parada sobre las puntas de los pies para alcanzar una rosa muy alta'. Y luego: 'Si este juego divino de amor que fuera de Lope de Vega y Carpio os ha conmovido, agradecedlo a esta compañía a cuyo frente ríe la deliciosa Eva Franco, que ha puesto esfuerzo y pasión para conseguirlo"*.[186]

En otra entrevista que Zully Pinto le hizo para la revista del diario *Clarín* en 1988, Eva Franco describe afectuosamente y muy emocionada su relación con García Lorca y con Carlos Gardel. *"Por ese entonces Gardel y Razzano, amigos de su padre venían a jugar a la lotería, 'con porotos', claro, partidas que duraban hasta altas horas. 'Yo que era su chiquita mimada, como me decía Carlitos, no me dormía hasta que se fueran todos. Recuerdo que las vecinas le pedían a mamá que no cerrara las persianas para poder mirarlo y yo me quedaba a su lado con la muñeca de porcelana que me había regalado'."*[187]

La periodista le preguntó entonces si Gardel fue el personaje más importante de su infancia. *"De esa época sí"*, respondió Eva. Y agregó: *"Luego vinieron otros, pero sólo Federico García Lorca me impactó tanto como Gardel. Yo ya era grandecita, y, además, actriz, pero las maneras que tenía para marcar a los actores no se me borraron jamás. Luego era muy juguetón, muy buen mozo, no muy alto y de tez aceitunada, de cejas espesas, tenía mucho charme y era popular. Cuando llegó al país la gente lo seguía como, ahora, a un jugador de fútbol tipo Maradona. Llegaba muy temprano a los ensayos, se sentaba al piano y comenzaba a entonar villancicos"*.[188]

Para concluir esta semblanza transcribiremos el emocionado retrato que Eva hace de García Lorca en Buenos Aires tal como ella lo vio: *"Por muchas razones mi carrera está muy ligada al nombre del autor granadino. Federico fue un amigo, un compañero de trabajo encantador. Me dijo, y esto no es un cuento, que en ninguna parte lo habían tratado con tanto cariño, con tanta admiración. Se fue con mucha pena, con mucha tristeza. Ninguno de nosotros pensaba en toda su grandeza. Era muy vivaz, muy alegre, muy feliz, realmente feliz. Jamás habló de política. Se sentía feliz, a pesar de sus problemas, que los tenía bastante grandes"*.[189]

---

[181] Daniel Chirom, "Eva Franco: 'Federico era un chico jugando'", en: *El Periodista de Buenos Aires*, nº 96, 11 al 17 de julio de 1986.
[182] "Tres testimonios", conversación con Augusto F. Vaso, corresponsal de *La Nación* en Mar del Plata, en: *La Nación,* 10 de agosto de 1986.
[183] Op. cit.
[184] Ibídem.
[185] Ibídem.
[186] Mirta Arlt, "Seis décadas de teatro a través de seis actrices. 1931-1940: Eva Franco", en: *La Nación,* 17 de julio de 1960.
[187] Zully Pinto, "Cuando estoy sobre el escenario, soy una mujer sin edad. Eva Franco rescata recuerdos y explica su increíble vigencia", en: *Revista Clarín,* nº 15.076, 31 de enero de 1988.
[188] Op. cit.
[189] "Tres testimonios", op. cit.

La radio

La primera cadena argentina de *broadcasting* es inaugurada por Radio Nacional al finalizar 1930. De ahí en adelante el proceso que atraviesa nuestra radio va enriqueciéndose. A partir de septiembre de 1933 se sanciona la Ley de Propiedad Intelectual, que pone en vigencia una serie de disposiciones que favorecen a los autores, intérpretes, cantantes y grupos musicales al reconocerles el derecho a percibir ingresos por la propalación de sus obras.

Isidro Ódena, correntino de origen, fue el responsable de las incursiones de Federico García Lorca en las radios argentinas. Así lo recordó en 1975 en una nota publicada por el diario *Clarín*: "La Sociedad Amigos del Arte lo comprometió para dar cuatro conferencias. Me propusieron transmitirlas desde el pequeño local de la calle Florida por la onda Radio Sténtor, de la que era director artístico y cuyos estudios estaban en el subsuelo del Hotel Castelar, donde alojamos al joven dramaturgo. Radio Sténtor y el hotel eran propiedad de mis primos, Rafael y Alfredo Pérez".[190] Ódena era también animador de la peña Signo, que funcionaba también en el Castelar, de modo que su trato con García Lorca era directo.

María Rosa Oliver, por ejemplo, escuchó por primera vez la voz de García Lorca por la radio. *"Recuerdo, y si recuerdo mal en este caso no tiene importancia"*, cuenta, *"la noche del estreno de su Zapatera prodigiosa. Días antes había escuchado por radio su primera conferencia en Amigos del Arte, de manera que por mi pereza de ir a la ciudad su voz y su poesía quedaron unidas para siempre en mí al aroma del jazmín del país que entraba por la puerta abierta al patio."*[191]

La difusión de las cuatro conferencias que dio en Amigos del Arte a través de Radio Sténtor fue un factor clave para la popularidad que Federico alcanzó en Buenos Aires. Según Isidro J. Ódena, *"Federico fue contertulio infaltable durante su estadía en Buenos Aires. Recuerdo que, más de una vez, bajaba de su cuarto en el hotel y se aparecía en los estudios. Me decía: 'Oye, tengo ganas de decir algo en la radio.' Interrumpíamos

Rua das gaveas. *Dibujo de Federico García Lorca*

el programa habitual y sin más preámbulos salía al aire la voz gitana recitando alguno de sus maravillosos poemas..."[192]

En aquellos comienzos de la radio, don Isidro se mostró como un profundo conocedor de cómo debía ser el periodismo radial, al punto de que bajo su creativa conducción Radio Sténtor logró demostrar que lo popular es también lo culto.

Además de Sténtor estaban Radio Prieto, Radio Fénix, Radio Splendid, y en casi todas ellas García Lorca hizo oír su voz, sus poemas y su conversación. Ian Gibson ha registrado en su biografía la generosidad de Lorca al presentar en Radio Splendid una versión radiofónica de la obra de teatro *De la noche a la mañana*, de su amigo y codirector con él de La Barraca, Eduardo Ugarte, y de José López Rubio. *"El 7 de diciembre de 1933"*, cuenta Gibson, *"la compañía radioteatral recientemente fundada por Edmundo Guibourg, Samuel Eichelbaum y otros, emitirá, efectivamente, por Radio Splendid, la obra de Ugarte y López Rubio, con calurosa presentación de Lorca, quien desde el primer momento había querido unirse a esta iniciativa. Nadie pudo dudar nunca del hondo sentido de la amistad que poseía el poeta."*[193]

El radioteatro era una actividad nueva en el medio local, iniciada en 1929 con *La caricia del lobo*; en 1933 se emitía, por ejemplo, *La pulpera de Santa Lucía*, de Héctor Pedro Blomberg, ambientada en la época rosista. Y se afianza con un creador nato de este género, el español José Andrés González Pulido, que fusiona el género chico y la payada y llega así al gran público.

También Edmundo Guibourg recordó casi cincuenta años después esta experiencia radial compartida con García Lorca y con su cuñado Samuel Eichelbaum. *"Cuando hicimos la compañía que tuvo por primera actriz a Lola Membrives, una de las primeras compañías radioteatrales, en el comienzo de Radio Rivadavia, filial de Radio Splendid, fuimos tres los directores, García Lorca, Eichelbaum y yo. Nos fue muy mal. No hubo productores, no hubo avisadores, no interesó a nadie... Y hacíamos un lindo repertorio."*[194]

Federico volvió a España el 26 de marzo de 1934. Fue un día más que agitado. A la fiesta final de despedida en la peña Signo le precedieron varios acontecimientos. Pronunció unas palabras en el homenaje a la actriz Camila Quiroga, estuvo presente en el Teatro Avenida por última vez, y tras la representación de la obra, después de las dos de la madrugada, ofreció una función de los "títeres de cachiporra", a la que me referiré más adelante. Pero no le faltó tiempo para enviar una salutación al pueblo de Buenos Aires desde Radio Sténtor.

En compañía de sus amigos Pablo Rojas Paz y "la Rubia" Sara Tornú, Ricardo Molinari, Pepe González Carbalho, F. Cáceres Zelaya y Norah Lange, y con la presentación del director artístico de la radio, Isidro J. Ódena, Federico García Lorca y Manuel Fontanals dirigieron su último saludo de gratitud al público de la ciudad:

"Cuando llegué a Buenos Aires, me pidieron que saludara al público desde el balcón invisible de la radio, y rehusé porque, dentro de mi carácter sencillo, encontré desorbitada la proposición. Tengo miedo siempre de ser molesto y me da rubor la popularidad, adquirida siempre a costa del paisaje tranquilo de nuestra vida íntima.

"Hoy yo mismo acudo a despedirme de vosotros, porque ya entre los que me escuchan hay muchos cientos de amigos míos. Yo vengo solamente a dar gracias por el interés y la cordialidad con que me habéis tratado en estos seis meses. Me voy con gran tristeza, tanta, que ya tengo ganas de volver. Ahora pienso en los días de nostalgia que voy a pasar en Madrid recordando el olor a barro fresco, olor de búcaro andaluz, que tienen las orillas del río, y el deslumbramiento de la tremenda llanura donde se anega la ciudad, en una melancólica música de hierbas y balidos.

"Yo sé que existe una nostalgia de la Argentina, de la cual no me veré libre y de la cual no quiero librarme porque será buena y fecunda para mi espíritu.

"Adiós a todos y salud. Dios quiera que nos volvamos a ver y desde luego yo, siempre que escriba mis nuevas obras de

Parte del elenco que dirigieron García Lorca, S. Eichelbaum y Guibourg, y que integraban Maruja Gil Quesada, Teresa Serrador y Mario Soffici, entre otros.

Federico García Lorca, enero de 1934, Radio Sténtor. Audición sobre Mariana Pineda *que luego hará Lola Membrives.*

*teatro, pensaré en este país que tanto aliento me ha dado como escritor."*¹⁹⁵

Pero la presencia radial de Federico en Buenos Aires no terminó allí. En distintos momentos de 1935 grabó en Transradio Española, en Madrid, lo que se llamarían las tres Alocuciones Argentinas. Estaban dirigidas a los radiooyentes de nuestro país, y probablemente, como correspondía a la época fueron registradas en el sistema de "grabación magnetofónica" en rollos de alambre de acero, rollos que por lo demás nunca aparecieron, aunque afortunadamente se han conservado los textos (véase la cronología al final de esta obra).

Las Alocuciones Argentinas fueron emitidas por Radio Prieto, propiedad de la firma Teodoro Prieto y compañía. Por la emisora habían pasado los artistas más importantes de Buenos Aires, entre ellos Carlos Gardel, quien tenía una visión muy clara de la radio: *"Gardel sentía la radio como un medio familiar y lo definía así: 'Una especie de gran teatro en donde no veo a los espectadores pero me los puedo imaginar' "*.¹⁹⁶

Las Alocuciones son como un diálogo, una conversación con Buenos Aires y su gente cargada de emoción y nostalgia: *"Nadie sabe, Buenos Aires lejano, Buenos Aires abierto en el fondo del tallo de mi voz, el interés y la jugosa inquietud que me embargan cuando recuerdo…"*¹⁹⁷

¹⁹⁰ Isidro Ódena, "Recuerdo de García Lorca en Buenos Aires", en: *Clarín* Cultura y Nación, Buenos Aires, 21 de agosto de 1975.
¹⁹¹ María Rosa Oliver, *La vida cotidiana*, Editorial Sudamericana, Buenos Aires, 1969, página 305.
¹⁹² Isidro Ódena, op. cit.
¹⁹³ Ian Gibson, *Federico García Lorca…*, op. cit., página 284.
¹⁹⁴ Mona Moncalvillo, op. cit., página 88.
¹⁹⁵ Federico García Lorca, *Retablillo de don Cristóbal y de doña Rosita*, Granada, Editorial Hernández, página 113.
¹⁹⁶ Carlos Ulanovsky, Marta Merkin, Juan José Panno y Gabriela Tijman, *Días de radio. Historia de la radio argentina*, Buenos Aires, Espasa Calpe, 1995, página 91.
¹⁹⁷ Federico García Lorca, *Alocución III*, en: Obras completas, op. cit., páginas 473-74.

En La Plata

La prensa de Buenos Aires no sólo contribuyó al éxito de Lorca en Buenos Aires, su actividad y su obra se difundieron al resto del país. Por otra parte, la nutrida población de inmigrantes españoles que cubría la gran mayoría de las provincias pujaba por integrarse al movimiento cultural más actualizado que se concentraba en la metrópoli.

Lorca recibió invitaciones para dar conferencias en Córdoba, Mendoza, Tucumán y Santiago del Estero. Ian Gibson da cuenta de ellas, y señala que *"no obstante, Lorca no hablará en ninguna de las ciudades mencionadas, y tampoco fue atendida la invitación de la Universidad de Córdoba, la única de la cual hay constancia documental, tal vez por no ser adecuadas las condiciones económicas ofrecidas. En cambio el poeta sí visitó Rosario, acompañado de Pablo Suero"*.[198]

Pero antes, el 13 de diciembre de 1933 estuvo en la ciudad de La Plata, capital de la provincia de Buenos Aires, una provincia que es por sí sola más grande que todo el territorio de España. A invitación del presidente de la Universidad Nacional de La Plata, doctor Ricardo Levene, Federico recorrió la Ciudad Universitaria y su colonia de vacaciones.

El Boletín de la universidad registró así el acontecimiento: *"Recorrió las instalaciones de la Universidad, conociendo el Museo y el Parque del Colegio Nacional, donde se realiza la colonia de vacaciones. En ella fue obsequiado con un almuerzo de los que cotidianamente se realizan en dicha colonia. Luego, un grupo de niños de la misma puso en escena, con una gracia infantil sin igual que conmovió al poeta y demás concurrentes, varias estampas de* Pinocho, *libro que se usa como texto de lectura en la Escuela Graduada Joaquín V. González, dependiente de la Universidad".*[199]

El doctor Alberto Delmar, que participó en calidad de actor en las estampas de *Pinocho*, recordó en una entrevista que me fue concedida en junio de 1998 que *"días después del comienzo de la colonia fuimos convocados a ensayar nuevamente porque el miércoles 13 de diciembre nos visitaría el famoso poeta y dramaturgo Federico García Lorca. Volvieron a construir el escenario bajo el techo de una galería y junto a una de las aulas que serviría de camarín y salón de maquillaje. Las plateas fueron dispuestas en el patio, frente al escenario".*[200]

Según el doctor Delmar ensayaron con mucho temor, porque creían que el visitante anunciado sería un hombre muy formal que iba a juzgar muy severamente la representación. *"Aquel miércoles 13 de diciembre de 1933 fue un día tan luminoso*

Lorca visita la Universidad de La Plata, lo acompañan Ricardo Levene, rector de la universidad; el secretario, señor Antonio Amaral; el decano de la Facultad de Humanidades, profesor José Rezzano; el director de la escuela profesor Vicente Rascio, y el dramaturgo español Gregorio Martínez Sierra con sombrero en la mano. 14 de diciembre de 1933.

como la sonrisa de Federico, que llegó vistiendo un mameluco azul como los que usan los mecánicos de automóviles. Pasó junto a nuestras largas mesas tendidas bajo la arboleda seguido de acompañantes. Federico saludó a todos palmeando, agitando las manos, estrechando otras. Después se sentó en una de las mesas como si fuera uno más de los concurrentes a la colonia. Después del almuerzo, casi a las cuatro de la tarde, comenzó la función teatral. Pusimos en escena El país de los juguetes, comedia musical adaptada de un capítulo de Las aventuras de Pinocho, de Carlo Collodi, adaptación que hizo nuestra profesora de teatro y declamación (así se llamaba entonces la asignatura) Agustina del Carmen Fonrouge Miranda. César Guzzetti hizo con gran desenvoltura el papel de Pinocho y Carlos Alberto Loustaunau el de cochero. Vistiendo una camiseta roja con cuello y puños blancos encarné a Espárrago. Y aún me parece estar viendo a Federico sentado en la primera fila de la platea, soltando carcajadas ante nuestras expresiones histriónicas. Al caer el telón final, aplaudió con entusiasmo de niño y cuando salí, después de haberme limpiado el maquillaje, me alzó en sus brazos (yo tenía nueve años) y me besó. A Federico prefiero recordarlo con una frase del escultor Juan C. Labourdette sobre el infortunado Van Gogh: 'El molino ya no está pero el viento sigue estando'."[201]

Luego del almuerzo y de la función teatral, García Lorca, a pedido del presidente de la universidad, expuso ante los

Paseo en barca por el Río de la Plata, lugar próximo al Delta del Tigre, en primer plano Córdoba Iturburu, a su lado Ricardo Molinari, al fondo Federico García Lorca con Martínez Sierra.

profesores y estudiantes presentes, sus ideas y experiencias en torno del teatro universitario. A la sombra de uno de los árboles del parque del colegio, el poeta, con su pintoresca vestimenta –el mameluco llevaba a la altura del corazón una rueda con dos máscaras superpuestas–, explicó cómo funcionaba y cuál era la organización de La Barraca, el teatro universitario español fundado por él.

Los diarios locales, *El Día* y *El Argentino* se hicieron eco de la visita de Federico a la ciudad, la universidad y la colonia estudiantil.

El otro testimonio que pude recoger al respecto, en 1995, es el que me ofreció María Luisa Madueño, que por ese entonces contaba veinticuatro años y estuvo presente en la ocasión. Dice María Luisa que ella hacía títeres desde muy pequeña. *"En el Zoológico de La Plata existía un teatro de títeres desde el año 1915 y esto me animó a construir mis propios muñecos. Luego, durante todo el proceso de mi educación secundaria, acrecenté mi experiencia con los títeres, y más tarde, como maestra, los empleé en mi tarea docente. En 1933, cuando me enteré de la visita de Federico García Lorca a la universidad y supe de la presentación de su charla sobre La Barraca, gritaba de alegría y de gozo. Estuve presente y seguí con mucha atención sus palabras, cuyas expresiones me alimentaron y me estimularon de tal manera que desde ese momento decidí mi vocación de titiritera, que no abandoné jamás."*[202]

---

[198] Ian Gibson, *Federico García Lorca...*, op. cit., página 282.
[199] Boletín de la Universidad Nacional de La Plata, editado por el Departamento de la Biblioteca, La Plata, 1933.
[200] Entrevista de Pablo Medina con el doctor Alberto Delmar, Buenos Aires, junio de 1998.
[201] Op. cit.
[202] Entrevista de Pablo Medina con la titiritera María Luisa Madueño, La Plata, 1995.

En Rosario

La otra ciudad del interior argentino que Lorca visitó fue Rosario, la más importante de la provincia de Santa Fe, enclavada en el corazón de la llamada "pampa gringa" por el abigarrado crisol de razas que se nuclean en la zona. Con más de 150.000 habitantes, era por entonces la segunda ciudad del país.

El periodista Horacio Correas intentó en 1961 una reconstrucción de la visita en las páginas del diario La Capital de aquella ciudad. *"Estaba a punto de terminar el año 1933"*, cuenta en su crónica Correas, *"cuando llegó a Rosario el poeta Federico García Lorca, acompañado por su émulo y crítico teatral Pablo Suero. El autor de* Yerma *se había comprometido con los empresarios del Teatro Colón, Luis Bravo y Antonio Robertaccio, también periodistas, que durante años mantuvieron la presentación de los espectáculos del Teatro La Comedia (...) a dar una conferencia,* Juego y teoría del duende, *y un recital poético."*[203] Y agrega: *"El tren rápido de las doce treinta de aquel 22 de diciembre depositó a los viajeros sobre el andén de la estación que reemplazó su antiguo nombre de Sunchales por el de Rosario Norte que continúa manteniendo".*[204]

El 23 de diciembre el diario *La Capital* anunciaba: *"El ilustre poeta español Lorca a su llegada a Rosario Norte, ayer".* Y completaba la información diciendo que *"los distinguidos huéspedes fueron recibidos en la estación Rosario Norte por el cónsul de España en esta ciudad, doctor Diéguez Redondo, el presidente del Club Español, señor Víctor Echeverría, otros representantes de entidades españolas y un núcleo de periodistas locales".*[205]

El periodista, escritor e investigador Raúl Gardelli, en un trabajo de reciente publicación en la revista *Vasto Mundo*, de Rosario, ha arrojado una nueva luz a propósito del fugaz paso de García Lorca por la *Chicago argentina*. Por una parte, ha recuperado las palabras de presentación del visitante que Pablo Suero pronunció antes de la conferencia en el Teatro Colón.

"Esto que yo intento hacer aquí, en breves palabras", comenzó diciendo Suero, *"no es en modo alguno la presentación de Federico García Lorca, pues si pretendiera hacer esto no faltaría el chusco, fuerte en razones esta vez, que exclamara: ¿y a usted quién lo presenta?"* Y siguió con el elogio, que le brotaba espontáneamente, ya que era sin duda un admirador sincero del poeta: *"García Lorca no necesita presentaciones. Nuestro pueblo lo conoce tanto como el de su España natal. Rosario ha vibrado con las rudas y hondas cosas de* Bodas de sangre, *esta nueva áncora del teatro hispano, también roído por la gracia chocarrera y la deformación profesional, como el nuestro, y a cuyo destartalado barracón ha llevado García*

Federico García Lorca tocando el piano en el Club Español de la calle Rioja 1052; lo acompañaban Pablo Suero y a su lado fumando un "puro" el Dr. Dieguez Redondo, cónsul español en Rosario. Entre otros amigos, Horacio Correas y su hermano Belisario, el presidente del club, Víctor Echeverría, los empresarios de teatro Luis Bravo y Antonio Robertaccio y su primo segundo Modesto Ruiz.
Rosario, 22 y 23 de diciembre de 1933.

Lorca un fuerte y aromado soplo de poesía popular, remozando el sentido trágico del teatro y metiendo en la pulpa tierna de las almas el filo de su emoción".[206]

Suero se entregó luego al panegírico de la poesía lorquiana y no dudó en llamarlo "el primer poeta de habla castellana de los nuevos tiempos. Lo es Federico García Lorca, con su cordialidad tolerante de hombre que está de vuelta y sus ímpetus mozos", se entusiasmó Suero, para concluir diciendo: "Un gran corazón lleno de bondad, de música y de imágenes. Pero también un gran pensamiento alerta. Vamos, Federico, busca tu duende".[207]

Era, como queda dicho, la noche del 22 de diciembre y, tras las palabras de Pablo Suero, Federico pronunció su conferencia, a la que siguió una lectura de poemas del *Romancero gitano*. Cuenta Gardelli en su vívido artículo que "alguna entusiasta oyente" le alcanzó el libro "ante su confesión de que no los sabía de memoria". El recién estrenado verano se hacía sentir en la sala. "Pese a ello", apunta Gardelli, "el disertante, que se ocupó de uno de sus temas predilectos, Teoría y juego del duende (El enigma del alma española había subtitulado) habló como si se estuviera viviendo la más agradable de las primaveras".[208]

Gardelli ha recogido también el testimonio de Alberto Muzzio, "acaso el único sobreviviente de quienes formaban el pequeño Rosario reunido para escuchar a García Lorca, que nos cuenta sobre la emoción del auditorio, sobre su propia emoción. La unanimidad de esa minoría estaba conmovida, *pendiente en extremo de la palabra del conferenciante".* Y se refiere luego a uno de los asistentes, *"un andaluz invadido totalmente por el misterio, captador como pocos del duende que vagaba invisible por el escenario: Modesto Rey, chofer de la señora Luisa Sugasti de Muzzio, había pedido no trabajar en esos días pues era su deseo atender al poeta, atenderlo, escucharlo: eran parientes, primos segundos. Hablaron entre ellos".*[209]

Federico se hizo tiempo además para buscar a Máximo Delgado García, que había sido novio de una de sus primas preferidas, Clotilde García Picossi. Después de cortar relaciones con Clotilde, Máximo se vino de España y, al parecer, no le estaba yendo muy bien. Eso es, al menos, lo que Federico le cuenta a su familia en cartas enviadas antes del viaje a Rosario. *"A Máximo [Delgado García] le he escrito y me ha contestado. Creo que podré ayudarle y veremos a ver si puedo colocarlo en algo antes de marchar de aquí. Creo que sí. Ahora quiero enterarme qué vida hace y cómo se porta y para eso me ayudará el cónsul. Me da lástima de su mala cabeza que tan triste resultado está teniendo. Ya os tendré al corriente".*[210]

En la primera decena de diciembre de 1933, antes de encontrarse con Máximo, vuelve a informar a sus padres sobre lo que está haciendo por él: *"Queridísimos padres: A Máximo le mandé algún dinero para que se remediara y es casi seguro que le daré un empleo para que medio pueda vivir. Para vivir en América hay que ser o un tremendo trabajador o estar preparado intelectualmente, pero la gente de tipo normal, y más si son andaluces, no se aclimatan a esta vida activísima de lucha".*[211]

Finalmente, en una carta de fines de diciembre, ya de regreso en Buenos Aires, les habla a sus padres sobre su encuentro con Máximo. Su celo por complacer a su padre queda claramente en evidencia en estas líneas, teñidas de una no disimulada actitud de censura a la persona que ha tenido que recomendar sin mucho entusiasmo: *"Estuve en Rosario dando más conferencias y allí [vi] a Máximo. El pobre estaba vendiendo estampas por las calles. Ya comprenderéis que así no se vive bien. Le recomendé a toda la gente rica de Rosario, y un señor Echeverría, muy simpático, quedó en colocarlo y lo*

Rua das Gaveas, *impreso en la página 35 de la edición de* El tabernáculo.

colocará, porque me lo prometió. De todos modos, si allí no se coloca, se colocará aquí en casa del empresario del teatro. Claro que Máximo es difícil de colocar porque no tiene oficio, pero Echeverría dijo que lo entraría en su tienda. Lo encontré bien de salud y vive solo, según me dijo, sin mujer ni hijos."

"Me dio muchos recuerdos para vosotros, y dijo que no quería volver hasta que pudiera ir bien. Creo que se colocará, y desde luego he sido su providencia. Todo lo he hecho tanto por él como por habérmelo pedido papá, y desde luego no me voy de aquí sin dejarlo perfectamente orientado en esta lucha americana."[212]

Volvamos a la breve estancia de dos días en Rosario, en la que Federico se dejó cuidar por su ángel guardián, Pablo Suero. Asistieron a comidas, una de ellas oficial, que le ofrecieron los miembros de la colectividad española en el ya desaparecido restaurante Cifré, sin contar las recepciones y otras invitaciones que llegaban a través del Consulado de España en la ciudad.

"Ya de madrugada –el relato es otra vez de Raúl Gardelli– noctívagos en la ciudad nada nocturna, habrá sido para Federico el gozo de andar calles no conocidas. Sentir el soplo en la plaza vecina al puerto, donde quizás se oía el murmullo de algún canto marinero; íntima plaza, propicia como era por las tardes moribundas a la efusión de las parejas y el diálogo amistoso, donde hoy está el Monumento a la Bandera. Vanza me lo contó una noche, en un bar con algo de bodegón. García Lorca que venía del Guadalquivir ('Guadalquivir, alta torre / y viento en los naranjales'), su río grande, Guadalquivir es río grande en árabe, y que muy poco estaría enterado de nuestra geografía, miró con asombro el Paraná caudal y exclamó: '¿Tenéis un río?' De inmediato, viendo la verja: '¿Por qué lo habéis encerrado?' "[213]

La proximidad de la Nochebuena acortaba la permanencia de los viajeros en Rosario. Desde Buenos Aires, los empresarios urgían el inmediato retorno. Según Horacio Correas, *"Pablo Suero, que encontraba aquí un motivo de despreocupación para sus múltiples funciones periodísticas y teatrales inventaba pretextos para demorar el regreso con la regocijada anuencia de Federico"*.[214]

Tras un breve descanso en un hotel céntrico, luego de dos jornadas extenuantes, asisten a un almuerzo en el Cifré con los amigos rosarinos. Tras la sobremesa, pasaron a la sala de música del Club Español donde Federico *"sentóse al piano y ejecutó un picaresco himno de estudiantes irreverentes sobre Cervantes, cuya letra cantó con su ronca voz campesina"*.[215]

Por fin el tren, en Sunchales (o Rosario Norte) que recibió a Pablo y Federico, acompañados por todos los nuevos amigos. *"De pie sobre el estribo del vagón que lo devolvía a Buenos Aires, el poeta mostró ampliamente su sonrisa iluminada, esa sonrisa fresca y pura. Detrás suyo Pablo Suero evidenciaba su pesadumbre por tener que irse"*.[216]

[203] Horacio Correas, Imagen de García Lorca en Rosario, en: *La Capital*, Rosario, 1961.
[204] Op.. cit.
[205] "El ilustre poeta español Lorca a su llegada a Rosario Norte, ayer", en: *La Capital*, Rosario, 23 de diciembre de 1933.
[206] Raúl N. Gardelli, "García Lorca en Rosario: '¿Tenéis un río?'", en: *Vasto Mundo*, nº 15, tercera época, Rosario, junio de 1998, página 29.
[207] Op. cit., página 29.
[208] Ibídem.
[209] Ibídem.
[210] Federico García Lorca, *Lettere...*, op. cit., página 260.
[211] Op. cit., página 266.
[212] Ibídem, página 276.
[213] Raúl N. Gardelli, op. cit., página 30.
[214] Horacio Correas, op. cit.
[215] Raúl N. Gardelli, op. cit., página 31.
[216] Horacio Correas, op. cit.

En Montevideo

La temporada teatral de la compañía de Lola Membrives en el Teatro Avenida de Buenos Aires fue exitosa. A pesar de ello, la actriz estaba agotada: el 20 de enero de 1934 cayó enferma y por consejo médico debió descansar obligatoriamente, lo que llevó a interrumpir por unos días las representaciones. En tanto, Federico decidió prolongar su estadía en la Argentina.

Aunque en sus planes iniciales no estaba viajar a Montevideo, la perspectiva de poder escribir en un lugar tranquilo los actos que le faltaba completar de la obra *Yerma*, una carta de Enrique Diez Canedo, embajador de España en el Uruguay, y la invitación de Juan Reforzo y Lola Membrives lo convencen de cruzar el Río de la Plata.

Ante su familia Federico justifica así la decisión en una carta de fines de enero de 1934: *"Queridísimos padres: Ya terminaron mis aventuras en Buenos Aires, pero he recibido una carta de Diez Canedo, que está de ministro en Montevideo, diciéndome que 'por política' tengo que ir allí, y que no es posible que regrese a España sin pasar por Montevideo. Así pues, él me invita a la Legación y no tengo más remedio que hacerlo".*[217]

El Ciudad de Buenos Aires es uno de los vapores de la carrera que hace, alternativamente con el Ciudad de Montevideo, el trayecto entre las dos ciudades del Plata. En él se embarcan el 30 de enero Federico y Juan Reforzo para encontrarse con Lola que ya estaba alojada en el Hotel Carrasco. En Montevideo lo esperaban sus viejos amigos, además de los representantes de la prensa local.

Desde su llegada, Federico no tuvo un instante de respiro. Ahí estaban ya, alojados en el mismo hotel, Enrique Amorín y su esposa Esther Haedo; los viejos amigos como Diez Canedo y Mora Guarnido y los amigos en ciernes, atraídos por la curiosidad de conocer a este andaluz múltiple, que no sólo habría de conmocionar a la sociedad uruguaya con sus conferencias y su conversación fluida, sino con los nuevos aires de su poesía y su teatro, que ahora eran ya conocidos en ambas márgenes del Plata.

El testimonio personal de Mora Guarnido es, por demás ilustrativo. *"El doble efecto del éxito teatral y de su personal atractivo lo encaminaron de inmediato en la vía, tan grata para él, de las nuevas relaciones, de modo que los dos amigos y compañeros que tenía en Montevideo, el poeta y crítico Enrique Diez Canedo, entonces ministro de España en el Uruguay, y yo, casi lo perdimos de vista. Las nuevas relaciones y la residencia del poeta en Carrasco en plena temporada veraniega nos lo arrebataron. 'Nos hemos quedado sin nuestro Federico', se me quejaba Diez Canedo con su vocecita infantil y chillona y su sonrisita inocente."*[218]

Durante su permanencia en Montevideo, Federico trató a gran parte de la intelectualidad uruguaya del momento. No podemos dejar de mencionar aquí su relación con Julio J. Casal, poeta y fundador de la revista *Alfar,* iniciada en La Coruña (1926-1927), y que continuó a su regreso al Uruguay. Entre otros, conoció y trató a José María Fernández Colmeiro, Luis Gil Salguero, Fernán Silva Valdés, Luisa Luisi, Carlos Reyles, Ernesto Pinto, Emilio Oribe, Juvenal Ortiz Saralegui, Jesualdo Sosa, Carlos Sabat Escasty, Sarah Bollo, Alberto Zum Felde y a Juana de Ibarbourou.

Federico García Lorca en la finca de Alberto Mondino. Uruguay, enero o febrero de 1934.

Antes de retornar a Buenos Aires, Federico rindió un sentido homenaje a su recordado Barradas. El testimonio de Mora Guarnido, presente en esa ocasión, lo dice todo: *"Lorca, que tenía del Uruguay una anticipación de emociones por contagio de la simpatía que irradiaba aquel gran artista uruguayo y español, que se llamó Rafael Pérez Barradas, no tuvo la alegría de poder abrazar a Barradas y continuar con él sus graciosas conversaciones madrileñas del café Gijón. El gran pintor había muerto años antes…"*[219]

El relato de Mora Guarnido refleja la emotividad del momento: *"Fue un triste día lluvioso, como previamente elegido para tal circunstancia. Un grupo de amigos, que la muerte posteriormente se ha encargado de ir achicando, acompañamos a Federico al cementerio del Buceo; formamos círculo en torno al trozo de tierra tumba de Barradas y el poeta en silencio fue arrojando un puñado de humildes florecillas. Ninguna solemnidad, ni el menor aparato, sino un sencillo y callado acto de recordación y de meditación".*[220]

Entre tanto, la prensa local comenta la presencia de Federico en la ciudad. El diario *El Imparcial* del 4 de febrero encabezó así su nota dedicada a Lorca: *"Una fiesta en honor de Federico García Lorca en la Legación de España"*; e informa que *"Don Enrique Diez Canedo, intelectual de relieve en el ambiente hispanoamericano, ofrece una fiesta en honor de Federico García Lorca, el nuevo talento que surge, la nueva escuela que triunfa, el nuevo drama que se impone. Rodea a estos dos grandes españoles una verdadera elite de nuestra gente artística. Allí están Juana de América, grande como su nombre; Emilio Oribe, el poeta de la expresividad; Carlos Reyles, el novelista magnífico; Julio Casals, Silva Valdés y otros".*[221]

La visita de Lorca a Montevideo fue intensa y siempre rodeada de compromisos. Según Ian Gibson: *"Si Lola Membrives, que ya se encontraba descansando en Montevideo, esperaba que en el Hotel Carrasco Lorca terminara, por fin, Yerma, estaba equivocada de cabo a rabo. Asediado por los periodistas, agasajado por los intelectuales, artistas y escritores uruguayos, así como por la*

Juan José Amorín y Federico García Lorca en la finca de Alberto Mondino. Uruguay, enero o febrero 1934.

elite social de Montevideo, el poeta en absoluto se podía entregar a su demorada tragedia, y menos en vista de que las fiestas de Carnaval están en su apogeo. Su éxito como conferenciante tampoco ayuda. En vez de la anunciada, pronuncia tres, en el Teatro 18 de Julio, adonde afluye, un público ávido de oír al autor de Bodas de sangre: el 6 de febrero da 'Juego y teoría del duende'; el 9, 'Cómo canta una ciudad de noviembre a noviembre'; y el 14, 'Un poeta en Nueva York'. El éxito rebasa todas las previsiones".222

El 7 de febrero, El Ideal señaló, refiriéndose a la primera conferencia: *"La presentación del gran escritor constituyó un éxito de público al que no estábamos acostumbrados en esta época de inquietudes y de crisis. Pero es que no hay época mala cuando se trata de un verdadero acontecimiento".*223 Y agregó: *"Se le oyó con recogimiento y devoción poco comunes y al final las ovaciones expresaron con unanimidad bien clara la satisfacción general. Tal éxito ha hecho que el poeta español, que no pensaba dar en Montevideo nada más que una conferencia haya resuelto hablar nuevamente el próximo viernes para desarrollar un tema de igual intensidad y atractivo".*224

Unos días antes, una nota de El Ideal había reproducido un diálogo entre Mora Guarnido y el poeta. Pero vale la pena leer antes la presentación que ensaya el periodista: *"No se ha terminado todavía, eso de que a un escritor español, para verlo bien, hay que tenerlo en un café, sentado a la mesa próxima al balcón y mirando a la calle como si estuviese pescando desde allí las sugestiones del mundo que transita indiferente y atareado. Así nos hemos encontrado con García Lorca en uno de nuestros cafés céntricos más apartaditos y tranquilos. García Lorca ha lamentado la ausencia de Justino Zavala Muñiz, al que conoció en Buenos Aires y del que en una hora de conversación se hizo el más íntimo amigo. Y nosotros recordamos, a propósito de esto, que cuando Justino Zavala Muñiz regresó de Buenos Aires, adonde fuera al estreno de* La cruz de los caminos, *nos dijo: 'Lo mejor para mí en este viaje ha sido haber conocido a García Lorca...' Manera de compenetrarse y estimarse que define a los dos escritores".*225

Lo cierto es que aquel reencuentro con su viejo compañero del Rinconcillo, a Mora Guarnido le permite evocar sus vivencias junto a él en Madrid, como comenta el periodista de El Ideal, que sigue el diálogo con atención. *"El primer artículo que sobre mí se ha escrito, dice Federico a Mora, lo hiciste tú... ¡No me acordaba!, confiesa Mora. ¿Y lo conservas? Lo conservo. Y todas las cosas que después se han dicho de mí, insiste el poeta, las dijiste tú en aquel primer artículo..."*226

El periodista sugiere que el encuentro parece la continuación del que habían tenido en un café de Granada quince años antes, y luego echa una mirada al entorno: *"Los que van llegando"*, cuenta, *"gente de este país, adquieren pronto para los que se encuentran a través de los años, una intimidad y una cordialidad de camaradas antiguos. Se habla de las cosas de 'entonces' como si fueran inmediatas y a cada comentario la comprensión de los que rodean a los dos amigos va reconstruyendo las escenas y saboreándolas.*

—¿Vas a estar aquí mucho tiempo?

—Voy a estar casi un mes quizás. Tenemos que hablar, tenemos que pasear por Montevideo, para conocerla bien. Tenemos que contarnos muchas cosas desde entonces..."[227] El periodista concluye su nota no sin desencanto: *"Ya la gente de las otras mesas mira con interés a ésa en que García Lorca está con unos amigos. La conversación y la franca risa del poeta llegan a los más alejados. Y... de pronto el encanto se deshace porque García Lorca se levanta, sube al auto de Enrique Amorín y se va..."*[228]

En medio de todo el jaleo que significó este breve paso por Montevideo, Lorca tuvo la oportunidad de asistir con asombro a los festejos del Carnaval de 1934, en los que los desfiles por la avenida 18 de Julio comienzan a formalizarse, si bien la fiesta popular databa de fines del siglo diecinueve. Según Gustavo Divaso y Enrique Filgueiras, compiladores del libro *Montevideo en Carnaval. Genios y figuras*, las troupes o comparsas *"eran hijas de la Revista europea y representaban el lujo del carnaval uruguayo"*.[229]

Federico García Lorca en Uruguay, 1934.

Apenas retornó a Buenos Aires, el 17 de febrero, Federico escribió a sus padres: *"Lo de Montevideo ha sido un éxito enorme. Fui al desfile en el Carnaval y me tuve que ir a mi casa, porque la gente me aplaudía por las calles. 'Ahí va Lorca'. La mujer de Canedo me decía: 'Cuánto daría yo por que viera esto su madre'. Por mucho que diga, nunca os lo podréis imaginar".*[230]

Otra versión que confirma el relato de Lorca es la que registró Hortensia Campanella en un artículo publicado en la revista *Ínsula* de Madrid, y que agrega además una curiosa nota de humor popular: *"Cuenta Amorín que una tarde asistían a un corso de Carnaval en un coche descubierto. Cuando el público que se divertía lo reconoció empezó a gritar: '¡Qué Lorca!, ¡Qué Lorca!', utilizando el lunfardo rioplatense que muchas veces invierte el orden de las sílabas. (...) En otro momento de esa misma fiesta se acercó una mujer con aspecto de española y con un niño muy pequeño en los brazos (...) y exclamó: '¡Bésalo en la frente, Federico!' Éste así lo hizo y con lágrimas en los ojos le dijo a Amorín: '¡Oye, chico, esto es un triunfo de torero!' "*[231]

El retorno a Buenos Aires se vincula con compromisos adquiridos, entre ellos los que tenía con Eva Franco y Lola Membrives. La carta que escribiera a sus padres el día posterior a su arribo comenzaba así: *"Queridísimos todos: Hoy he regresado de Montevideo, preciosa ciudad rodeada de playas, donde he descansado unos días. He vivido en la Legación de España, donde Diez Canedo ha tenido para mí atenciones inolvidables.*

"Hubo una recepción, con la asistencia de todos los escritores del Uruguay, y habló Canedo y su mujer Teresa [Manteca Ortiz] en un brindis en donde os nombraron mucho.

"La mujer de Canedo es un encanto, y desde luego escribió a mamá mandándole recortes de los diarios. Aquí he repetido mis conferencias a teatro lleno y he ganado mucho."[232]

---

[217] Federico García Lorca, *Lettere...*, op. cit., página 286.
[218] José Mora Guarnido, *Federico García Lorca y su mundo*, Buenos Aires, Editorial Losada, 1958, página 211.
[219] Op. cit., página 213.
[220] Ibídem, página 213.
[221] "Una fiesta en honor de Federico García Lorca en la Legación de España" en: *El Imparcial*, Montevideo, 4 de febrero de 1934.
[222] Ian Gibson, *Federico García Lorca...*, op.cit., página 294.
[223] "La primera conferencia de García Lorca" en: *El Ideal*, Montevideo, 7 de febrero de 1934.
[224] Op. cit.
[225] "Encuentro con Federico García Lorca" en: *El Ideal*, Montevideo, 1 de febrero de 1934.
[226] Op. cit.
[227] Ibídem.
[228] Ibídem.
[229] Gustavo Divaso y Enrique Filgueiras (comp.), *Montevideo en Carnaval. Genios y figuras*, Montevideo, Editorial Monte Sexto, 1992.
[230] Federico García Lorca, *Lettere...*, op. cit., página 295.
[231] Hortensia Campanella, "Profeta en toda tierra. Federico García Lorca en Uruguay" en: *Ínsula*, nº 384, Madrid, noviembre de 1978.
[232] Federico García Lorca, *Lettere...*, op. cit., página 296.

Títeres

Para comprender el influjo que Federico García Lorca ejerció sobre el mundo del teatro de títeres en la Argentina, convendría repasar el período que abarca las dos décadas anteriores a la llegada del poeta a Buenos Aires.

Los *pupi* de Carolina Ligotti y Sebastián Terranova recalaron en nuestra ciudad en 1910, traídos desde San Pablo, Brasil, por estos dos titiriteros que se conocieron y se casaron en aquella ciudad. Por espacio de doce años habían recorrido el inmenso territorio paulista haciendo marionetas. A poco de llegar a Buenos Aires se instalaron en el barrio de La Boca y crearon su Teatro de Marionetas de San Carlino. Montaron la *Historia de Carlomagno y los Doce Pares de Francia*, *Las aventuras de Orlando y Rinaldo* y muchas otras obras de la literatura clásica.[233]

En una conversación que tuvimos en 1992, Javier Villafañe evocó así a los titiriteros de la Boca del Riachuelo: *"Teníamos entre diecisiete y diecinueve años y descubrimos los títeres de La Boca, debe de haber sido allá por el año 1926. Era un teatro estable con muñecos de origen italiano, los pupi; los animadores hablaban y decían los textos en genovés. ¡Qué impresión! ¡Quedé maravillado! Estos marionetistas representaban episodios de obras que duraban hasta un año. En estos espectáculos de los títeres de San Carlino, los muñecos pesaban entre veinte y treinta kilos y eran manipulados por una barra"*.[234]

En 1933, cuando Lorca llega a Buenos Aires, los títeres de San Carlino eran muy conocidos en la ciudad. Casi la mayoría de los diarios de la época publicaron notas sobre Carolina y Sebastián, que llevaban entonces más de veinte años dedicados a este arte milenario en aquel barrio.

El 29 de octubre de 1933, García Lorca publica en el diario *La Nación* sus Dos canciones: *Canción de la muerte pequeña* y *Canción de las palomas obscuras*. Javier Villafañe se entera de la presencia de García Lorca a raíz de esa publicación. Cuenta Javier, que entonces tenía veinticuatro años, que *"...iba caminando por Avenida de Mayo; esta vieja calle era muy transitada por escritores y poetas de la época. Seguí mi caminata, cuando me encuentro con Pepe González Carbalho, amigo de Kantor, y con la hija de otro amigo. Nos detenemos y me presenta a Federico García Lorca. A la altura de Avenida de Mayo y Santiago del Estero, frente al pasaje Barolo, entramos los cuatro en un bar. Pepe, que en ese entonces era periodista de* Noticias Gráficas, *periódico de la tarde, se hizo muy amigo de Federico. Conversamos mucho y Pepe, que conocía mi actividad con Juan Pedro Ramos, le habló de ella a Federico, quien escuchaba con mucha atención. Le hablé de la* Farsa rabicornuda, *una obra anterior al año '32, al estilo de Valle Inclán: ocurre en el infierno. A mi madre le gustaba mucho esta farsa".*[235]

Como es sabido, al llegar García Lorca, su obra *Bodas de sangre,* que hasta ese momento se representaba en el Teatro Maipo, pasó al Avenida. Esta sala, fundada en 1908 por el empresario Faustino Da Rosa, se inauguró el 3 de octubre de ese año con la presentación de la compañía de María Guerrero y Fernando Díaz de Mendoza en *El castigo sin venganza* de Lope de Vega. El 10 de octubre, además, se realizó el estreno mundial de *Amores y amoríos,* de los hermanos Álvarez Quinteros. "Desde entonces", cuenta Tito Livio Foppa en su *Diccionario teatral del Río de la Plata,* "se ha mantenido fiel a la tradición hispana hasta el punto que tanto en España como en América, el Teatro Avenida se consideraba uno de los más importantes centros de la actividad teatral española, particularmente en lo que se refiere al género de la zarzuela y del sainete lírico."[236]

Javier Villafañe, que estuvo presente en ese reestreno de *Bodas de sangre,* cuenta lo siguiente: *"Esa noche fuimos con Wernicke, Carlos A. Taquini, José Pedro Correch, José Luis Lanuza y otros amigos (…). Allí conocí a Lola y a Reforzo Membrives, el empresario responsable de traer a Lorca a Buenos Aires. La obra fue un éxito total y entre otras personalidades presentes pude distinguir a Conrado Nalé Roxlo. Esa misma noche, en la trastienda del teatro, se armó el teatro con ayuda de Cunill Cabanellas, Jorge Larco, Ernesto Arancibia, Helena Cortesina –actriz del elenco de Lola Membrives– y María Teresa Portela de Aráoz Alfaro. Al finalizar el encuentro María Teresa me regaló una cabeza de títere que había pertenecido a Federico García Lorca, que la había construido con Ernesto Arancibia. La conservé durante mucho tiempo, pero como no conocía bien la técnica de preservación de los muñecos, la cabeza se me picó y se llenó de polillas; medio abandonada en La Boca, terminó de perderse durante la gran inundación, en la que también los titiriteros del teatro San Carlino perdieron gran parte de sus muñecos históricos, los pupi, de procedencia italiana."*[237]

El relato de Villafañe vuelve a la noche en el *Avenida:* "…*se instaló un precario tinglado de guiñol, a la manera popular. Todo fue supervisado por Federico, el grupo de amigos con Fontanals a la cabeza –además, compañero de viaje–, y algunos actores de la compañía de Lola Membrives, que secundaron a Lorca en el manejo de los muñecos durante la representación. Esto ocurría alrededor de las dos de la mañana, luego de finalizada la puesta teatral. Éramos alrededor de cincuenta personas y nos*

Helena Cortesina, esposa de Manuel Fontanals y actriz de la compañía de Lola Membrives, encarnó el papel de la Madre de doña Rosita, en el Retablillo de Don Cristóbal. Marzo de 1934.

ubicamos en los asientos de adelante para estar más cerca del escenario. Ofrecieron una estupenda e inolvidable exhibición de títeres de cachiporra, y la representación contó con un repertorio muy especial: Las euménides de Esquilo, un entremés de Cervantes, y el Retablillo de Don Cristóbal. Ésta fue la primera puesta que se realizó de esta obra de Federico. Siguieron, además, improvisaciones tomadas de pelo al público, dichas por los muñecos, y no faltaron bromas y cargadas a los críticos teatrales presentes".[238]

García Lorca había escrito una pieza especial para muñecos preparados por el pintor Ernesto Arancibia, que versaba sobre cosas referidas a Buenos Aires y su gente. La obra en cuestión es *El retablillo de Don Cristóbal*, cuyo manuscrito –originalmente dedicado a Gabriel Manés, joven porteño que se hizo muy amigo de Lorca, *"con un abrazo muy fuerte de su amigo Federico García Lorca"*– está fechado en Buenos Aires, en 1934.

La noche antes del regreso a España, el 26 de marzo de 1934, Federico hizo su última aparición ante el público de Buenos Aires con un espectáculo de títeres en el que presentó por primera vez a Don Cristóbal, muñeco que se casa con Doña Rosita. En el diálogo del poeta con Don Cristóbal, éste dice:

"Señoras y señores... Hoy salgo en Buenos Aires para trabajar ante ustedes y agradecer las atenciones que han tenido con él y con Manolo Fontanals. A mí no me gusta mucho trabajar en estos teatros, porque yo soy muy mal hablado. Aquí triunfan los telones pintados y la luna del teatro sensitivo. Yo he trabajado siempre entre los juncos del agua, en las noches del estío andaluz, rodeado de muchachas simples, prontas al rubor, y de muchachos pastores, que tienen las barbas pinchonas como las hojas de la encina.

"Pero el poeta quiere traerme aquí..."[239]

En otro momento de la obra García Lorca se refiere así al arte de los títeres:

"Señoras y señores: Los campesinos andaluces oyen con frecuencia comedias de este ambiente, bajo las ramas grises de los olivos y en el aire obscuro de los establos abandonados. Entre los ojos de las mulas, dimos como puñetazos, entre el cuero bordado de los arreos cordobeses y entre los grupos tiernos de espigas mojadas, estallan con alegría y con encantadora inocencia las palabrotas y los vocablos que no resistimos en los ambientes de las ciudades, turbios por el alcohol y las barajas. Las malas palabras adquieren una ingenuidad y frescura dichas por muñecos que miman el encanto de esta viejísima farsa rural.

Llenemos el teatro de espigas frescas, debajo de las cuales vayan palabrotas que luchen en la escena *con el tedio y la vulgaridad a que la tenemos condenada y saludemos hoy a Don Cristóbal el andaluz, primo del bululú gallego, hermano de monsieur guignol de París, y tú, Don Arlequín de Bérgamo, como a uno de los personajes donde sigue pura la vieja esencia del teatro."*[240]

Algunos de los ricos testimonios de personalidades que presenciaron este último espectáculo de los títeres de Lorca en Buenos Aires evidencian el rigor y la profesionalidad del poeta en materia de animación titiritera.

En el diario *Crítica* del 26 de marzo de 1934, por ejemplo, Edmundo Guibourg publica una nota titulada "Hubo títeres en el Teatro Avenida". *"Cuando, como despedida de Buenos Aires –dice la nota– presentó después de medianoche en el Teatro Avenida 'Los títeres de cachiporra', pintorescos y mal hablados, una parte del público rió las ocurrencias, y otra rabió con el gracejo picante de los títeres. Era público de intelectuales, artistas y amigos del poeta, pero también entre ellos los había de espíritu burgués, fácil al prejuicio y que no alcanzaban el colorido sabroso de una mala palabra oportuna. Esos viejos títeres de cachiporra eran viejos amigos del poeta."*[241]

El crítico e historiador teatral Julio C. Viale Paz, por su parte, opinó que *"... si todas sus actividades merecieron el elogio sin retaceos, por cuanto el poeta expandía simpatía de toda su persona, ninguna de ellas ofreció más deleite y gozo que la representación privada que brindó en el Avenida para críticos y amigos, a la cual tuve oportunidad de asistir. En su escenario se había levantado un tinglado pequeño, para los títeres de cachiporra que iban a animar algunas de las comedias lorquianas"*.[242] Y agrega: *"El poeta sólo había traído un muñeco, Cristóbal, que se presentaba como un andaluz entrometido y parlador y le pidió a los pintores Jorge Larco y Ernesto Arancibia que con premura le preparasen los tres o cuatro que exigía la farsa... La contada concurrencia se divirtió grandemente y descubrió en García Lorca a un titiritero genial."*[243]

Volvamos por un momento a Javier Villafañe, que era por aquellos años un perfecto desconocido para el público. Su poesía, y especialmente su creación titiritera,

Federico García Lorca con Helena Cortesina ante el Teatro de Títeres, en el Teatro Avenida. Buenos Aires, marzo de 1934.

Gitano andaluz con pompones en los hombros, Buenos Aires, 1934. Aparece en un ejemplar de la tercera edición del Romancero gitano, *dedicado a Gabriel Manés.*

estaban en los comienzos. Esa noche su imaginación se enriqueció a través de su mirada buscadora y segura. Más tarde, los amigos presentes en ese acto tan especial recordarían que Javier aprendía con una rapidez increíble. Primero había sido Vito Cantones, luego los titiriteros de La Boca, y ahora este Federico García Lorca contagioso, bullanguero y capaz de transmitir todo su entusiasmo por el mundo de los títeres.

Según Javier, hubo un tercer y último encuentro. *"Yo había leído algunos textos de Federico. En realidad, en esos tiempos estos materiales no estaban publicados. Empezaba a conocerlo, y me impactó mucho el manejo de la poesía en el teatro. Un buen día nos encontramos nuevamente y me invitó a un bar de Avenida de Mayo instalado en un subsuelo. Me acompañaban Enrique Wernicke, Juan Pedro Ramos y el Mono Vivanco, arquitecto, padre de Pepa Vivanco. Federico cantó y cantó, acompañándose con un pianito. Recuerdo la pasión que ponía en las cosas de su tierra andaluza:* Las mozas de Monleón, Anda jaleo, jaleo, Tres pañuelos tengo adentro; *creo que el escritor Horacio Esteban Ratti tenía un disco con estas piezas musicales. Tomamos manzanilla, como correspondía a un encuentro de esta naturaleza, y luego pedimos la cuenta; el mozo respondió que ya había sido pagada, pero nunca supimos quién fue nuestro benefactor. Hacia el final de la conversación García Lorca me comentó que no había buenos y abundantes libretos sobre títeres. Yo le hablé de algunos textos escritos en colaboración con Juan Pedro Ramos, y de otros míos, y más tarde Pepe González Carbalho le dio copias de* Don Juan Farolero, El tío y la sobrina, El fantasma, *etcétera."*[244]

Cuando llegó el momento de separarse, cuenta Javier que *"salimos del bar algo alegres. Yo le tomaba el brazo a Federico y le repetía que no se fuera, posiblemente porque era* un tipo contagioso, querible y atrapante, muy simpático y de muy buen humor. Así fue nuestra despedida".[245]

Tiempo después Villafañe tuvo noticias que lo conmovieron: *"...Federico García Lorca regresa a España, y pasado un tiempo todavía envía correspondencia a González Carbalho. En una carta con dibujos de su estilo propio, hace alusión a mi obra* El fantasma: *'Se convertirá en un clásico, es hermosa, llegará a ser muy importante, tiene todos los elementos propios de una farsa titiritera' "*, recuerda Javier.

Un recuerdo que inevitablemente vendría con su propia sombra: *"En 1936"*, agrega Villafañe, *"mi viejo amigo Pablo Rojas Paz me contó cómo fue la muerte de Federico. Yo estaba lanzado desde 1935 a andar los caminos con* La Andariega, *y su muerte me entristeció enormemente. No tenía palabras."*[246]

"Portada del retablo".

[233] Pablo L. Medina, *Los títeres en la Argentina*, inédito, Buenos Aires, 1997, página 3.
[234] Pablo Medina, "Entrevista a Javier Villafañe", inédito, Buenos Aires, 1992, página 6.
[235] Javier Villafañe, *Antología. Obra y recopilaciones, biografía y selección literaria de Pablo L. Medina*, Buenos Aires, Editorial Sudamericana, 1990, páginas 27 y 28.
[236] Tito Livio Foppa, op. cit., página 825.
[237] Javier Villafañe, *Antología...*, op. cit., página 28.
[238] Op. cit., páginas 28 y 29.
[239] Federico García Lorca, *Obras completas*, tomo III, México, Aguilar, 1991, página 455.
[240] Op. cit, página 457.
[241] Edmundo Guibourg, "Hubo títeres en el Teatro Avenida", Buenos Aires, *Crítica*, 26 de marzo de 1934.
[242] Julio C. Viale Paz, "Una época...", op. cit., página 30.
[243] Op. cit., página 30.
[244] Javier Villafañe, *Antología...*, op. cit., página 39.
[245] Op. cit., página 39.
[246] Ibídem, página 40.

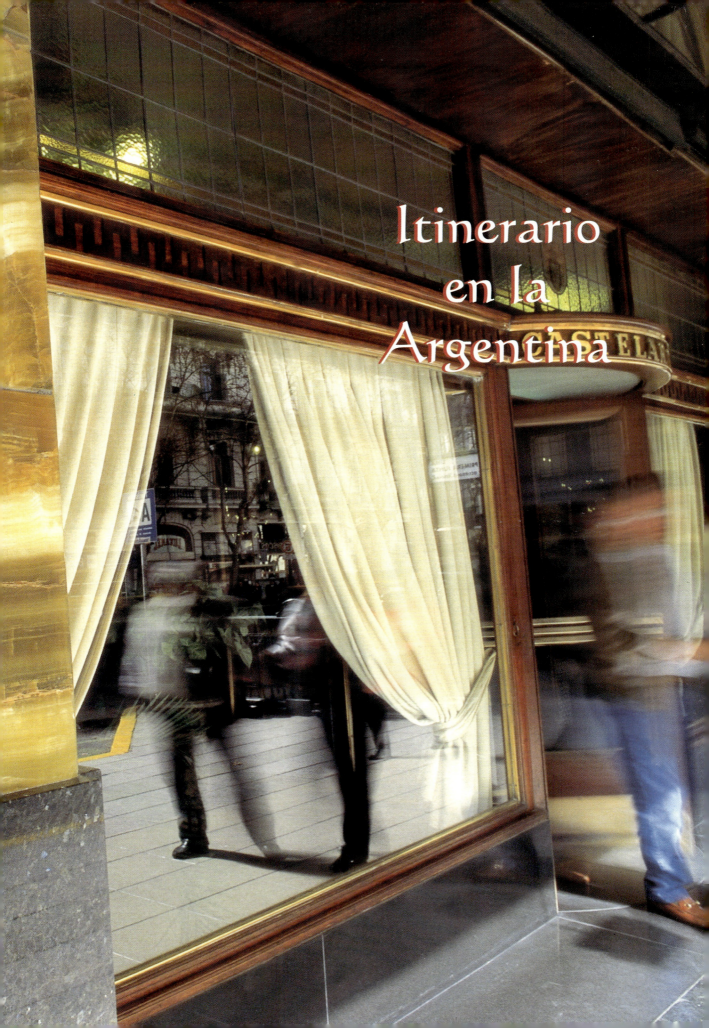

Itinerario en la Argentina

Cronología de su viaje

1933

1 – 28 de septiembre.
Viaja de Madrid a Barcelona.

2 – 29 de septiembre.
Embarca en el *Conte Grande* con el decorador Manuel Fontanals.

3 – 2 de octubre.
El barco hace escala en Las Palmas.

4 – 9 de octubre.
Llega a Río de Janeiro, donde lo recibe el escritor Alfonso Reyes, por entonces embajador de México, amigo desde Madrid. García Lorca y Manuel Fontanals visitan someramente la ciudad.

5 – 11 de octubre.
El *Conte Grande* toca la ciudad de Santos, Brasil.

6 – 12 de octubre.
Llega muy temprano a Montevideo, donde hace fugaz escala. Lo acompañan a Buenos Aires el periodista Pablo Suero y el empresario teatral Juan Reforzo.

7 – 13 de octubre.
Llega al puerto de Buenos Aires. Lo reciben sus tíos Francisco y María y Gregorio Martínez Sierra, además de numeroso público, periodistas y amigos que lo esperaban para darle una cálida bienvenida. Se hospeda en el Hotel Castelar, de la Avenida de Mayo, en la habitación 704, del 7° piso.

8 – 14 de octubre.
El diario *La Nación* publica una de las primeras entrevistas que se le realizan, acerca de su teatro.
Reunión de amigos en casa del escritor Pablo Rojas Paz y su esposa Sara Tornú, apodada "La Rubia". Allí conoce a Pablo Neruda, Oliverio Girondo, Norah Lange, Raúl González Tuñón, Amparo Mom, Jorge Sacco, Conrado Nalé Roxlo, María Luisa Bombal y Amado Villar, entre otros. (José González Carballo es quien da el testimonio).

9 – 20 de octubre.
Pronuncia en Amigos del Arte, en Florida 659, su primera conferencia: "Juego y teoría del duende".

10 – 25 de octubre.
Reestreno de *Bodas de sangre* en el Teatro Avenida. García Lorca lee un corto y hermoso texto de salutación al público argentino.

El Teatro Avenida en la actualidad. Allí se reestrenó Bodas de sangre *el 25 de octubre de 1933.*

11 – 26 de octubre.
Pronuncia su segunda conferencia: "Cómo canta una ciudad de noviembre a noviembre".

12 – 31 de octubre.
Pronuncia su tercera conferencia: "Poeta en Nueva York".

13 – 1 de noviembre.
García Lorca conoce al escritor mexicano Salvador Novo.

14 – 6 de noviembre.
Encuentro de Federico García Lorca y Carlos Gardel en el hall del Teatro Smart (hoy Blanca Podestá). Fueron presentados por César Tiempo.

15 – 8 de noviembre.
Pronuncia su última conferencia: "El canto primitivo andaluz".

16 – 13 de noviembre.
Lola Membrives ofrece a los actores argentinos, en función de matinée, una representación especial de Bodas de sangre *y a beneficio de la Fundación Casa del Teatro.*
Lorca conoce a la actriz Eva Franco y a su padre, el empresario teatral José Franco.
Envía un mensaje a España a través de la emisora Radio Prieto.

17 – 14 de noviembre.
En compañía de Pablo Suero presencia en el Teatro Smart la obra de Bruckner, El mal de la juventud.

18 – 16 de noviembre.
García Lorca repite su conferencia "Juego y teoría del duende" en el Teatro Avenida, con lleno completo.

Habitación que Federico García Lorca ocupó en el Hotel Castelar durante su estadía en Buenos Aires.

En la página siguiente, casa de Oliverio Girondo y Norah Lange, que luego fue donada al museo Fernández Blanco ubicado justo al lado.

19 – 20 de noviembre.
El PEN Club organiza una cena en homenaje a los poetas Lorca y Neruda, quienes recuerdan la personalidad de Rubén Darío y su influencia en las letras hispanoamericanas. Leen como testimonio un discurso al "alimón".

20 – 21 de noviembre.
La centésima representación de Bodas de sangre *se cumple en honor a García Lorca. Tras caer el telón, el poeta lee unos versos suyos.*

Noviembre.
Durante todo este mes se ha perfeccionado el montaje de La zapatera prodigiosa.

21 – 1 de diciembre.
Estreno de La zapatera prodigiosa.

22 – 13 de diciembre.
Visita La Plata y su universidad, a instancias del doctor Ricardo Levene, presidente de la casa de estudios. Dicta una conferencia sobre el Teatro Universitario de La Barraca y participa de una comida en el anexo de la universidad. Actúa para él un grupo de niños que representa escenas de Pinocho.

23 – 15 de diciembre.
Se añade a La zapatera prodigiosa *un "fin de fiesta" ideado por Federico, lo que hace de este espectáculo un éxito de público y de crítica periodística.*

24 – 22 de diciembre.
Visita la ciudad de Rosario, acompañado por el periodista Pablo Suero. Dicta en el Teatro Colón la conferencia "Juego y teoría del duende".

25 – 23 de diciembre.
Luego del agasajo de la colectividad española de Rosario, vuelve en tren a Buenos Aires.

1934

1 – 12 de enero.
Se estrena Mariana Pineda, *con Lola Membrives y decorados y figurines de Manuel Fontanals.*

2 – 18 de enero.
García Lorca lee en casa de Lola Membrives los dos primeros actos de su nueva obra, Yerma.

3 – 20 de enero.
Por agotamiento de la actriz Lola Membrives las funciones de Bodas de sangre *se suspenden hasta marzo.*

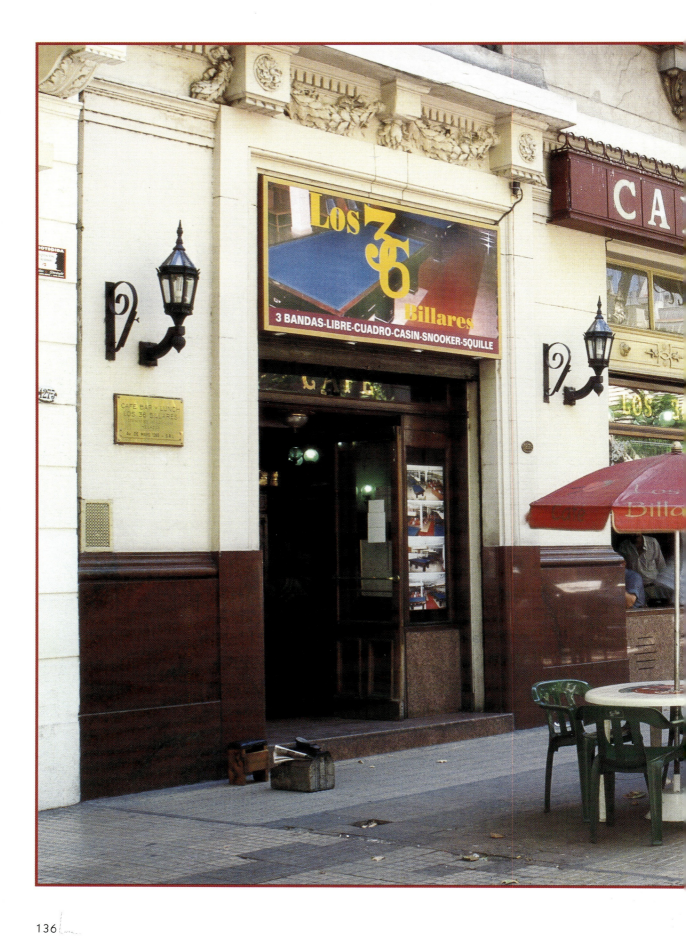

Hotel Castelar, Av. de Mayo al 1100, Buenos Aires.

Páginas anteriores: El café de los 36 billares, en Avenida de Mayo, era uno de los lugares en los que se podía ver a FGL rodeado de amigos.

Los billares

Montevideo, Uruguay

4 – 30 de enero.
Arriba a Montevideo en compañía de Juan Reforzo. Lo reciben entre otros Enrique Díaz Canedo, ministro embajador de España en el Uruguay, Emilio Uribe, también poeta y novelista, Enrique Amorín y José Mora Guarnido, antiguo compañero de Lorca.

5 – 2 de febrero.
En la legación de España, el embajador Enrique Díaz Canedo organiza un cóctel en honor al poeta, con participación de la intelectualidad uruguaya.
Visita el cementerio de Buceo y rinde homenaje al pintor Rafael Pérez Barradas, recordado amigo uruguayo fallecido años atrás.

6 – 6 de febrero.
En el Teatro 18 de julio, ofrece su primera conferencia: "Juego y teoría del duende".

7 – 9 de febrero.
En el mismo teatro expone "Cómo canta una ciudad de noviembre a noviembre".

8 – 10 de febrero
Acrecienta su amistad con Enrique Amorín, a quien llega a llamar "su confidente".

9 – 14 de febrero.
Da su última conferencia: "Un poeta en Nueva York".

10 – 15 de febrero
Enrique Amorín filma algunas secuencias de Lorca.

11 – 16 de febrero.
Regresa a Buenos Aires en el vapor de la carrera.

Buenos Aires

12 – 17 de febrero.
Arriba al puerto de Buenos Aires.
Escribe a sus padres relatando el éxito de sus conferencias en Montevideo.
Lee a Eva Franco y su compañía la versión de La dama boba *en el Teatro de la Comedia.*

13 – 1 de marzo.
Reaparece Lola Membrives en el Avenida. El programa es

atractivo, en homenaje y despedida de García Lorca: primer acto de La zapatera prodigiosa, *cuadro final de* Bodas de sangre, *tercera estampa de* Mariana Pineda, *el poeta lee dos cuadros de* Yerma *y dirige la palabra al público de Buenos Aires presente en el teatro.*

14 – 2 de marzo.
Estreno de La niña boba, *con la compañía de Eva Franco.*

15 – 4 de marzo.
A pedido del público porteño dirigen la palabra Eva Franco y García Lorca.

16 – 10 de marzo.
Lorca anuncia que al no haber podido terminar de escribir Yerma, *Lola Membrives estrenará en su lugar* Aunque pasen cinco años.

17 – 10 de marzo.
El diario Crítica *publica una de las más incisivas entrevistas mantenidas con Lorca por el periodista José R. Sierra* (VERIFICAR).

18 – 15 de marzo.
Eva Franco ofrece a los actores porteños una representación especial de La niña boba, *dedicada a Lola Membrives. En uno de los entreactos, el poeta lee un apasionado discurso sobre el teatro contemporáneo* (VERIFICAR).

19 – 24 de marzo
Encarga al pintor Ernesto Arancibia la construcción de los muñecos para una representación titiritera.

20 – 26 de marzo.
Luego de la representación de la noche, hacia las dos de la madrugada, se lleva a cabo el espectáculo titiritero con la participación de algunos actores de la compañía de Lola Membrives y otros.
Fueron invitados periodistas, amigos, poetas, entre otros: Octavio Ramírez, Edmundo Guibourg, Oliverio Girondo, Pablo Suero, Conrado Nalé Roxlo, Amado Villar, Pablo Neruda, Pablo Rojas Paz, Raúl González Tuñón, Norah Lange y algún otro.
Ésta fue la última aparición de Federico García Lorca ante el público porteño.

21 – 27 de marzo.
Federico García Lorca, Manuel Fontanals y su hija, Rosa María, se embarcan en el Conte Biancamano *rumbo a España.*

22 – 30 de marzo.
El barco atraca en Río de Janeiro donde lo recibe otra vez Alfonso Reyes con un gran abrazo.

23 – 11 de abril.
El Conte Biancamano *arriba a Barcelona.*

Histórico Café Tortoni, donde funcionaba "La Peña" desde 1926, que agrupaba a los personajes más representativos de la bohemia porteña.

Los Inmortales, lugar de encuentro de los intelectuales en los años '30.

Epílogo

Hoy, sesenta y cinco años después, sabemos que aquellos escasos seis meses que vivió en Buenos Aires fueron uno de los períodos más ricos e intensos en la corta vida de Federico García Lorca. La barbarie no le permitió ese ejercicio que tanto complace al viajero cuando se detiene al final del camino y evalúa lo recorrido con serenidad, mide la memoria del tiempo y se deleita con lo atesorado en la travesía y gracias a ella.

Su tiempo y su vida fueron detenidos brutalmente, pero su recuerdo quedó flotando entre quienes aquí lo conocieron, su poesía vive en el alma de quienes lo siguen leyendo y sus ideas se multiplican y se encarnan en otros seres humanos, otras historias, otros pueblos.

Antes de regresar a España dijo: *"Ahora, con ansias de estar entre los míos, me parece que dejo algo de mí en esta ciudad bruja. En poco tiempo he hecho amigos que me parecen de años... El público argentino ha sido generoso conmigo y con mis obras. Además, en cada casa, en cada calle, en cada paseo, dejo un recuerdo mío..."*[247]

Y así fue, en efecto. Los duendes de Federico reaparecen de tanto en tanto en los escenarios de Buenos Aires. Del mismo modo que supieron asomarse a los fantoches de Maese Perico, dirigidos por Ernesto Arancibia y animados por sus integrantes, Mané Bernardo, E. Peñaloza, Ofelia Rossi, Silvia Guernico,

José Bonomi, Alberto Morera, José Luis Lanuza, Ricardo Bernárdez, Jorge Larco, Jorge Larrocha, César Jaimes y Felisa de Michaelson. Y acompañaron sin duda a los títeres de *La Andariega* de Javier Villafañe y Juan Pedro Ramos que echaron a andar por los caminos en 1935. O se entrometieron en la creación del Teatro Universitario de La Plata y la realización de planes de teatro infantil y de estudiantes secundarios y universitarios *"inspirados en el relato de García Lorca sobre la labor cumplida por La Barraca"*[247], cuando la presidencia de la universidad nombró a Antonio Cunill Cabanellas para que se hiciera cargo de proseguir las experiencias teatrales en esa casa de altos estudios.

Fueron también los duendes de Federico los que animaron a Roberto Aulés a recrear con textos lorquianos *La niña que riega la albahaca y el príncipe preguntón*, en memoria de la infancia del poeta. Y los que respiraron en las mil y una voces que dijeron las poesías y el teatro de Lorca durante todos estos años de eterno silencio de su contagiosa risa.

Nos queda un magro consuelo, Federico: la certeza de que Buenos Aires y su gente te inspiraron alegría y felicidad. La ciudad no es la misma que vos conociste. Tu recuerdo tampoco: cada día que pasa se enriquece más.

[247] Chas de Cruz, "Saudade de Buenos Aires", *Cuadernos Hispanoamericanos*, nº 433-34, Homenaje a García Lorca, Madrid, julio-agosto de 1986, página 35.
[248] Alfredo Palacios, "Vidrios estrellados. Teatro Universitario en La Plata", *Libertad Creadora*, nº 2, La Plata, abril-mayo.

EL DUENDE INMORTAL

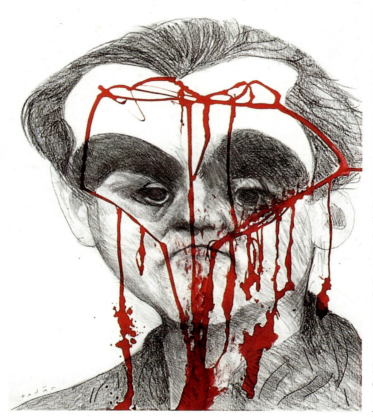

Federico García Lorca. Dibujo de Hermenegildo Sábat.

El duende nos inundó el alma. Allá por octubre de 1933, cuando navegó esta geografía nuestra buscando, tal vez, las raíces de la hispanidad austral. Nos dejó un jirón de su vida que, por entonces, no se podía pensar en las postrimerías. La bala asesina ya lo andaba buscando... aunque Federico no lo supiera. Pero la libertad asusta a los perdularios del infierno, a los que pueden gritar "viva la muerte" con paradójico beneplácito, a los que viven para matar. Los ahuyenta la sola presencia de la libertad, y los espanta, definitivamente, su ejercicio. Por eso el final absurdo, incomprensible, ciego de compasión, desprovisto del menor atisbo de humanidad. El creador caído ante la brutal impiedad de la destrucción parece muerto. Sólo parece. Sigue viviendo en el alma comunitaria. En cada uno de los que, más allá del velo de la realidad, se sienten llamar Antonio Torres Heredia o Ignacio Sánchez Mejías. Es que el duende tiene la calidad de la infinitud y el aliento de la eternidad. Así fue, así es, y así será Federico García Lorca. El duende que siempre habrá de volver.

Dr. Oscar Sbarra Mitre
Director de la Biblioteca Nacional

Créditos Fotográficos

Argentores: pág. 43, 83.
Jorge Luis Campos: pág. 6, 130-131, 134, 138 abajo.
Archivo Graciela García Romero: pág. 16 arriba, 28, 73
Archivo Eduardo Guibourg: pág. 48, 49 abajo.
Daniel Massola: pág. 31, 54, 85 abajo, 133, 135, 136, 137, 138 arriba, 139 abajo, 142, 143.
Archivo Pablo Medina: pág. 7, 8, 11, 13, 16 abajo, 19, 20, 21, 24, 27, 31, 32-33, 34, 35, 36, 37, 39, 40, 41, 44-45, 46, 49 arriba, 50, 51, 52, 53, 55, 57, 59, 61, 62, 63, 65, 67, 68, 74, 75, 81, 85 arriba, 89, 90, 91, 92, 95, 96, 99, 100, 101, 102, 103, 104, 105, 107, 109, 110, 111, 112, 114, 115, 117, 118, 121, 122, 123, 126, 127, 128, 129.
Archivo Alejandro Storni: pág. 7.
Archivo Manrique Zago: pág. 12, 15, 23, 69 abajo, 72, 88, 139 arriba.

Agradecimientos:

A Manuel Montesinos García, secretario de la Fundación Federico García Lorca, Madrid, España - Roberto Villayandre - Fernando Mateo por sus sugerencias y aportes para mejorar el texto original - Ana Patricia Medina por tipear los manuscritos - Enzo Zocco - Alberto Mosquera Montaña -Y a tantos amigos que acercaron información para enriquecer y aclarar algunos temas de esta historia.

Instituciones consultadas en la Argentina y el exterior:

Archivo General de la Nación - Biblioteca Nacional - Biblioteca del Congreso de la Nación - Biblioteca del Centro Gallego - CEDIMECO - Biblioteca de la Universidad de La Plata - Biblioteca Provincial de Rosario - Archivo Provincial Córdoba - Biblioteca Nacional de Montevideo, Uruguay - Fundación Federico García Lorca, Madrid, España - Centro de Documentación de Títeres de Bilbao, España.

Se terminó de imprimir en febrero de 1999
en AG GRUPO, Madrid, España
Fotocromía: McNA Digital, Buenos Aires.